强我少年

8位世界冠军为青少年量身定制的19套健身方案

袁虹衡　李　立　李远飞　刘大伟 / 著

希望出版社

强我少年

邹振先

张我军

毛文楷

強者不俱

強我少年

癸巳年十月
馬英九

> 希望所有的青少年朋友们能够运动起来，给自己带来更多的健康，也影响更多的人，让他们也能够运动起来，得到健康！

2016.4.7

作为中国体坛屈指可数的绝对明星，林丹拥有绝对的影响力，喜爱他的青少年众多。林丹非常支持和赞同青少年开展体育健身的理念，在得知这本书里的每一个项目，都是由世界冠军、奥运冠军或体坛名宿、业内专家进行指导的时候，他认为这不仅是身为体育明星对国家和民族的责任，也是一件"功在当代，利在千秋"的事。

序

少年强 中国梦

少年强则国强。强大的国家必定重视青少年的基础培养与建设。青少年时期是身体素质的锤炼，知识素养的培育，道德素质的养成，完美品格的塑造的关键时期。高素质的青少年是国家民族复兴，实现伟大中国梦的基础。而身体健康，体魄优良又是整个基础的基础。

当前，我们国家进入了一个崭新的发展时代，经济社会迅速进步，人民生活水平快速提高，百姓需求日益多元，现代技术，尤其是电子技术在生活中的应用普及，给人们的生活方式带来新的变化。与此同时，运动不足，健康质量下降，各种慢性病、富贵病侵袭着每一个人。青少年体质堪忧的呼吁不绝于耳。党中央、国务院对此非常重视，采取了很多措施，加大工作的力度，多次发文件，召开会议，进行部署，各部门积极行动，采取检查、督导等措施进行落实。青少年的体质健康需要全社会共同努力。

首先，要进行广泛的宣传，达成社会共识。要使每一个人真正意识到健康是最重要的事情，青少年的健康又是头等重要的大事，使重视青少年的健康成为人们的自觉行动。

其次，要教育青少年在养成健康文明的生活方式上下功夫。把健康作为生活方式的一部分，把锻炼作为像每天吃饭、睡觉一样来对待，不锻炼就没有完成任务，这一天就过不去，久而久之，形成习惯。

再次，锻炼要选取适合自己。并且喜欢的一两个体育项目，有的人喜欢激烈的运动，有的人喜欢舒缓一些的项目，各取所好，内心热爱才能投入其中。还要注意讲究科学锻炼，从方法到运动量及锻炼的时间都要讲究科学。因人而异，因地制宜，科学安排。

最后，体育锻炼需要终生坚持。三天打鱼，两天晒网，不利于体质健康的提升。在选取了自己喜欢的项目之后要终生习练，持之以恒，才能见效。

几位忧国忧民的常年奔波在一线采访的体育记者，根据多年的观察和积累，编写了《强我少年》这本书，这是他们满腔热忱，为广大青少年做的具体奉献。这本书的出版，对于广大青少年选择体育健身项目、学习健身方法非常方便有利，希望广大青少年能够喜欢。

感谢所有为此书的出版付出劳动的人们。愿普天下的青少年身体健康，茁壮成长。

冯建中

（国家体育总局副局长、中国奥林匹克委员会副主席、全国体育总会副主席、中国体育新闻工作者协会名誉主席）

前言

改变，可以很简单

1898年，戊戌变法失败。梁启超挥笔写下了《少年中国说》："少年智则国智，少年富则国富，少年强则国强。"

如今一个多世纪过去了，中国的少年们却似乎越来越羸弱。

不是小胖墩，就是小豆芽；不是小眼镜，就是小嗓门。经不起风雨的身体，受不住打击的心灵。这样的少年们，让人如此揪心。这一切不由得令人想起林则徐当年的疾呼："中原几无可以御敌之兵……"

为什么会变成这个样子？

家有独苗。我们的孩子被放进了保温箱，被挪到了温室，被捧在了手心，肩负了众多的期望却无须承担责任。另外，家长们过于呵护的心态，孩子们面临的越来越重的课业压力，让人喘不上气的出路问题，越来越少的可运动场地和蜂拥而至的各种高科技产品……当这些问题凑到一起时，中国的少年们在恶性循环中深陷体质越来越差的泥潭中。

这很可怕，真的！

我们常常希望自己成为孩子的镜子。但是，如今成人这面镜子已经再也映不出孩子与我们当年一样的快乐。今天的少年们不愿意流汗，不想和大自然亲近，害怕失败，逃避责任。他们的身体因此变得羸弱，他们的心态因此变得不够健全。

这样的身体和这样的心态会带来怎样的未来？我们无人敢断言。因为，当孩子们长大，当他们无法再在父母的庇护下生活，也许，任何一个小小的困难都可能将他们的身体和心理击倒。

作为常年在一线深入采访的体育记者，我们感到了悲哀，也感到了恐惧。

不能再这样下去了！否则，我们期待的中国梦会离我们越来越遥远。

只是，我们做些什么，才能让孩子们变得强壮起来呢？

其实，改变并非遥不可及，改变可以很简单，例如：打一次羽毛球，练一次乒乓球，踢一次足球……

是的，作为体育记者，我们深深知道体育活动对于一个人的身心健康会有怎样的帮助。团体运动可以让人学会合作，学会谦让；耐力运动可以让人变得坚强，变得踏实；技巧运动可以让人更加灵巧，更加柔韧。瞧，简单的体育运动可以让人变得如此自信！

是的，就是这么简单！只要迈出体育运动的第一步，一切皆有可能！

为此，我们特地走访了很多体育和教育方面的专家，希望用这些人的理论来给中国的少年们开出实用有效的运动处方。

这些处方每一个都具有针对性，每一个都十分简单而容易实施。那么，请动起来吧，少年们！少年强则中国强！

本书由北京晚报的体育记者联合完成，由众多体育界、教育界、卫生界人士提供体育教育方案，尤其值得一提的是：我们请来了众多的世界冠军、奥运冠军、全国冠军为孩子们量身定制了健身方案。

现在，就请轻轻地翻开它吧……

目录　强我少年

第一章　青少年身体素质下降之现状报告　／ 001

　　身体素质全面下降，就从"引体向上"说起　／ 005
　　横向对比差距明显，运动赛场令人揪心　／ 010
　　压力之下全面崩溃，疾患频出现状堪忧　／ 015
　　沉迷游戏难以自拔，人生选择变得狭小　／ 020
　　天性丢失童年暗淡，课业繁重远离锻炼　／ 024

第二章　青少年身体素质下降之原因分析　／ 029

　　"六拖一"的重负，我们教会了孩子什么　／ 033
　　长跑都取消了，我们让孩子去哪里奔跑　／ 039
　　高人一头却输了，我们给了孩子怎样的童年　／ 049
　　好日子养出病娃娃，我们怎样做才是对孩子好　／ 056
　　结语：难解的课题，不能再继续了　／ 065

第三章　青少年身体素质强壮之对策呈递　／ 067

　　从身体到心态，体育教育带来惊喜　／ 071

从"千队杯"到"百队杯",体育教育留下启示 ———— / 073
从今天到明天,体育教育已经起航 ———— / 087

第四章　青少年身体素质强壮之冠军指路 ———— / 091

集体项目 享乐趣

打篮球　长高个(宋晓波) ———— / 095
踢足球　练合作(金志扬) ———— / 101
打排球　坚意志(巴益霞) ———— / 108

双人项目 练反应

打羽毛球　防近视(董炯) ———— / 119
打乒乓球　练拼搏(张雷) ———— / 124

基础项目 强能力

练田径　增素质(邹振先) ———— / 131
学游泳　强心肺(钱红) ———— / 139
骑单车　锤耐力(计成) ———— / 144

技巧项目 塑气质

练体操　美气质(马艳红) ———— / 149
练射击　增定力(杨凌) ———— / 156
练击剑　养内涵(王海滨) ———— / 161

热门项目 学礼仪

　　练网球 懂诚信（李思）　　　　　　／ 169
　　打高尔夫 享阳光（田金龙）　　　　／ 174

冬季项目 练意志

　　练滑冰 强体魄（叶乔波）　　　　　／ 183
　　练滑雪 防三高（叶乔波）　　　　　／ 188
　　打冰球 磨意志（张智川）　　　　　／ 198

练功夫 强身体

　　跆拳道 强筋骨（吴静钰）　　　　　／ 204
　　学武术 传文化（王晓娜）　　　　　／ 210
　　练拳击 增协调（王国钧）　　　　　／ 217

结语：体育锻炼需要科学的支撑　　　／ 222

后记：体育拥有改变世界的力量　　　／ 227

第一章

青少年身体素质下降之现状报告

小胖墩、小眼镜、小豆芽、小嗓门……这样的孩子你熟悉吗?

　　你应该一点儿也不陌生。在我们的身边,这样的孩子随处可见。当一双双无神的眼眸被电脑吸引得无法移动,当一个个柔弱的心灵被小小的失败打击得蜷缩起来,当一副副单薄的身板被学业压得喘不过气来,我们身边的孩子也变得越来越脆弱。然而,他们的身份却是"小皇帝",在家里说一不二,受不得一点儿委屈,吃不得一点儿苦头……

　　是的,脆弱——身体和心理的双重脆弱,正在袭击着今天的孩子们。

现在的中国,可以说正面临着一场充满隐忧的风暴,而这场风暴的风暴眼正是我们身边的这些孩子。

从小就被娇生惯养,从小就缺乏足够的责任心,从小就失去担当的勇气,从小就不习惯户外的风雨……这样的孩子们会撑起怎样的天空?答案令人深思。

那么,中国青少年体质和心理素质的现状到底如何?就让我们先来寻找一下答案吧。

身体素质全面下降，就从"引体向上"说起

有一个小朋友姓高，今年刚从幼儿园升到小学，他是出了名的小豆芽。

自从上幼儿园开始，小豆芽就是一副瘦瘦弱弱的样子，时常生病，常常让爸爸妈妈操心。"从幼儿园开始，只要班里有人生病，他一定是跟着生病。"小豆芽的妈妈无奈地说。身体差，除了先天的原因外，不太喜欢运动也是一个重要原因。小豆芽是个标准的电脑游戏迷，只要有时间，他就扎在电脑前，一"奋斗"便是几个小时。

"发现了这个问题，我们赶紧把他往屋子外面赶。好在小男孩还是喜欢到外面去玩的，所以这种情况总算没有继续恶化下去。"小豆芽的妈妈说。

然而进入小学之后，出去玩的时间明显减少了，这让小豆芽的妈妈又担心起来。"现在很多学校，只要是楼房的，课间十分钟的休息时间都不让孩子下去玩。好在我们家孩子占了便

◎ 图为王义夫作为全民健身志愿者，为社区居民健身支招。

宜，教室是平房的，所以课间还能出去玩一会儿。课间十分钟别看时间短，可我觉得对孩子还是很重要的。要不然一坐就是一个上午，孩子的身体肯定受影响。"小豆芽的妈妈说，"所以只要到了暑假，我们肯定不让孩子再天天坐着写作业。我们除了给他报些锻炼身体的培训班外，每天晚上下班后，还争取带他出去遛遛弯。趁孩子现在小，学业也不重，争取让他把身体锻炼好！"

小豆芽的妈妈和爸爸忙着给孩子计划暑假的锻炼方案。那么学校呢？"没有呀。"小豆芽的妈妈回答得很干脆。事实上，在小豆芽带回的学校作业和暑假要求中，还是体现了学校的精心安排的。比如学校要求同学们一放假要去社区报到，积极参与社区的活动，争当社区文明小使者。另外，学校也要求大家积极参加社会实践，争当社区志愿者。"看来学校还是想从学业和德育两个方面要求孩子，至于在体育方面，却没什么特别的要求了。"小豆芽的妈妈说，"当然，学校肯定有自己的考虑，我们也不好评论。因此在这方面，我们做家长的只好自己补上了！但是以后年级越高，学业越重，就不知道还能留给他多少出去锻炼的时间了。"

在当今的中国，小豆芽当然不止一个。事实上，现在的中国青少年中有着太多太多的小豆芽。他们体形单薄，弱不禁风，身体素质很差。而这样的现状，让很多人发出了"现在的孩子是一代不如一代"的感慨。

"我去大连的一所中学调研，参加测试的20名学生中，竟有一多半连一个引体向上都做不到，还不如我这70岁的老人。这样的体质状况能不让人担忧吗？"说起目前青少年学生的体质现状，中国学校体育专业委员会主任委员、北京体育大学教授邢文华感到十分痛心。

"引体向上"变成"引体向下"，出现在青少年学生中的这看似滑稽的一幕，却实实在在地反映出我国青少年体质健康所面临的严峻形势。

清华大学党委书记陈旭也带来了一个让人担忧的统计数字。"清华大学的自主招生，近三年针对学习成绩优异的考生，在复试阶段加入了体质测试。"陈旭介绍，"但在过去的三年里，体质测试结果达到优良的考生是非常少的，体质测试不及格率却达到49.2%，也就是说，有将近一半的学生体质测试不及格。"

正处花季，而本应生龙活虎充满活力的青少年学生，却显得四体不勤、萎靡不振，这样的尴尬状况早已不是第一次出现。

2012年，陕西、湖北、广东等地多所高校取消了体育课和运动会上的中长跑项目，引起社会广泛关注。相关负责人对这一做法的解释是近年来学生体质下降，中长跑易导致运动时发生事故。这样的说法虽有规避责任之嫌，但也透露出些许无奈。

也正是在这种情况下，考虑到青少年身体素质不断下滑的现状，2013年重新修订完成的《国家体育锻炼标准》在设置青少年体测项目时颇有些"纠结"。"考虑到目前青少年体质下滑，标准相比过去有一定程度的下调，但又不能过分迁就。"邢文华表示。

情况确实如此糟糕吗？
恐怕真的如此。

从1985年开始，我国进行了4次全国青少年体质健康调查。结果显示，最近30年，青少年体能素质在持续下降。其中包括学生的肺活量、速度、力量等指标都在持续下降，肥胖率比5年前增长了1倍。教育部对7—22岁城乡男女学生进行的体质健康监测显示，与几年前相比，我国学生除50米跑成绩略有提高外，其余各方面素质自2000年以来持续下降，有些城市的学生身体素质甚至降到了30年来的最低水平。有关专家在"会诊"我国青少年体质时这样形容：**高了，胖了，虚了。**

而根据2008年教育部公布的一组国民体质检测报告显示，2000年以来，我国青少年体质有明显下降趋势。青少年肥胖率增长近50%，目前城市男孩1/4为肥胖儿，青少年近视率从20%增长到31%。同时，我国青少年体能连续10年下降，体能素质中的速度素质、力量素质已连续10年下降，耐力素质更是连续20年下降。

《2013年20—69岁人群体育健身情况和体质状况抽测》结果显示：青少年群体的体质健康现状不容乐观，青少年经常参加体育锻炼的人数和比例相当低。

"不同年龄经常参加体育活动人数的比例随年龄增长仍呈现'马鞍型'状况。测的是20岁之后的人群，反映的却是青少年的问题。"北京师范大学体育与运动学院院长毛振明得出了这样的结论，"我们看到的最直接的后果就是青少年的身体素质越来越差，越来越让人担忧。"

横向对比差距明显，运动赛场令人揪心

下个学期张小伟就该上五年级了，从小到大，他都与"胖"脱不了关系。"胖"既给小伟带来了快乐，也给他带来了烦恼。

小时候，小伟长得胖胖的，圆圆的小脑袋，鼓鼓的肚子，粗粗的大腿，看起来十分可爱。邻居看了都想摸摸小伟那胖嘟嘟的小脸蛋，有时还很羡慕地说："瞧，这小家伙长得又胖又壮，要是我儿子也这样多好！"那时小伟以为胖就是壮，所以没把胖当回事，别人夸他胖时，心里还美滋滋的呢！这就是"胖"给小伟带来的快乐。

但随着年龄的增长，小伟对"胖"却越来越苦恼。在篮球场上，瘦的同学身手敏捷，运球速度很快，总能越战越勇。小伟虽然也会投球，但跑不了几步就气喘吁吁，所以每次都只好提前"光荣"下场。体育测试的时候，张小伟每次都能得第一，不过是倒数的。因为胖，同学给小伟起了一个外号——小胖墩。

时间长了，外号代替了他的真名，而且整个年级都知道了这个绰号，从此胖的烦恼压在了小伟的身上。真无奈啊！看着越来越肥胖的身躯，小伟只好给自己打气："我长得胖也不怕，人家姚明也有二百多斤呢！"

同小伟有着同样烦恼的人当然不止一两个。现在的中国，因为营养过剩和缺乏运动所导致的肥胖，已经成为越来越严重的社会问题。

"**不喜欢出去运动，只喜欢待在家里看电视、玩电脑。或者更简单地说，就是对运动没有兴趣，直接导致了现在很多中国青少年在身体素质上的问题。**"青少年问题专家孙云晓这样说。

对于这一点，孙云晓是很有感触的。1993年，作为青少年问题专家，孙云晓在《读者》上发表了一篇关于中日少年的文章——《夏令营中的较量》，这篇文章引发了罕见的关于中国体育教育的大讨论。当时，诸如中国孩子表现不如日本孩子顽强，二者在观念意志方面和体能差异方面的差距，都成了大家热烈讨论的话题。而也就是在那一年，首届中日韩青少年运动会悄然登场。

如今，20年过去了。2013年，中日韩青少年运动会又在山东潍坊如期举行。这是一次时隔20年的再较量，而较量的结果依然很糟糕。

中国派出的是清一色的体校生,而日本和韩国的所有参赛选手均来自普通中学,但他们在很多比赛项目上的成绩,丝毫不比中国的体校生逊色。

本届中日韩青少年运动会的田径比赛率先开始,在100米、200米和400米等项目上,尽管日本选手的身体条件不如中国选手,但他们的竞技优势却十分明显。

17岁的野尻美姬身高只有1.55米,却是日本新潟大学附属高中的短跑名将,在100米短跑比赛中一马当先。"我10岁时,因为喜欢跑步而参加了学校社团的短跑训练,每天训练两个小时。"野尻美姬说。

韩国学生李进率说:"大家都很喜欢参加运动,虽然强度大,但觉得很有意思。"日本学生高岛说:"日本大概有三分之二的孩子很爱锻炼,活动形式也很随便,棒球、排球或篮球,只要你喜欢都可以参加。"

那么我们的孩子呢?来自北京的体育生胡先强则给出了一种和以上日本和韩国孩子完全不同的回答:"我身边很少有同学在课余时间主动去锻炼,大家更多的时间不是在学校学习,就是在家里待着打游戏或者睡觉。"

简短的对话表明,中国学生的锻炼意识远远不及日韩学生。而落实到时间这个事实上,也确实如此。根据了解,大多数中国学生仅在体育课时间参加运动,而中国学校安排的每周体育课时间也少于日韩学校。根据《中国青少年体质健康行为调查》初步调查显示，因城市化的发展，我国60%以上学生的居住环境不具备进行体育运动的条件；在休息和节假日的空闲时间，学生最喜欢做的是：上网聊天和游戏，听音乐学唱歌和看电视，出去运动的不足30%。

再看看我们的近邻日本。日本中小学生的运动量普遍多于中国学生，每天锻炼2小时的日本学生有21.3%，中国学生仅为6.3%；每天锻炼3小时的日本学生有21.3%，而中国学生仅为1.3%。

日本青少年研究所曾经对中日美三国初、高中学生课外体育活动所做问卷调查显示，参加课外体育活动的初中生比例，中国为8%，日本为65.4%，美国为62.8%；高中生分别为10.5%、34.5%和53.3%。

中国青少年缺乏锻炼，日韩的学生勤于锻炼。当这三国的孩子在一起运动时，将会发生什么状况呢？以一次登山活动为例，以日韩学生为主的国际部全体学生都顺利到达山顶，而中国学生中却有20多人因体力不支中途返回。

除了耐力和精力不如日韩学生，中国学生在耐寒能力上也与之差距明显。进入冬季，中国学生在室内穿着厚厚的毛衣毛裤，而多数日韩学生却只着一身秋衣秋裤。在体现协调能力的急停急转的测试上，中国学生时常摔跤，还有很多学生不能快速地奔跑。

对此，中国工程院院士钟南山严肃指出："**'高身材、低体质'已经成为对中国青少年的典型描述**。近20年来，尽管中国青少年学生的身高、体重、胸围等形态发育指标持续增长，但肺活量、速度、力量等体能素质却持续下降。"

100多年前，我们被外国人称为"东亚病夫"。如今我国经济总量跃居世界第二，竞技体育也早已跻身世界前列，我们获取的金牌数量一次比一次多，但国民体质却一代不如一代，这种状况持续下去，既令人感到讽刺又令人无比担忧。

压力之下全面崩溃，疾患频出现状堪忧

去年9月刚上小学一年级的小黄，近一年来没少让家人着急上火。原来，开学不久，班主任老师就因小黄同学的孤僻表现频繁地与家长沟通。小黄的表现是注意力不集中、上课总走神、不认真听讲，做什么事情耐性都特别差，更不爱参加集体活动，显得非常孤僻。平时在班里，小黄不爱与人交流，说话时嗓门极小。这让小黄的父母操碎了心，小黄的父亲不明白儿子为什么会是这样。"起先，我们确实还能耐心跟他讲道理，希望他能改正。"小黄的爸爸焦虑地说，"但后来发现不管用，甚至和孩子沟通都成了问题。我憋不住火，还动用过几次暴力，可发现依然没有效果，软的硬的都不行，这可怎么办？"

据小黄的妈妈说，因为工作比较忙，她和小黄的爸爸在小黄只有1岁时，就把他交给了爷爷奶奶抚养。"我和他爸

爸的教育观念是属于散养型的。"她说,"老人一直将小黄带到差不多6岁,小黄才回来跟我们一起生活。"很快,小黄的爸爸妈妈就发现了问题,小黄几乎什么良好的习惯和规矩都没有养成。"老人都免不了溺爱孩子。"小黄的爸爸说,"所以我认为,在人生养成习惯的重要阶段,小黄缺少了正确的引导和管理。"

这样的一种状态,让父母对他的自信心的培养和建立也产生了担忧。"在小区里,有时候小朋友会过来跟他说'我会什么什么',他都不吭声,不理会。"小黄的妈妈说,"我很担心孩子这样发展下去会形成自卑和冷淡的性格。"

小黄的沉默让人担忧,而这绝非个例。事实上,当身体的羸弱成为一种现实之时,心理的脆弱也开始在青少年身上体现。如今很多年龄很小的孩子都会进行心理咨询。一时间,心理医生成为很多家庭的救命稻草。

曾经遮遮掩掩的中学生心理咨询,早就已经不再犹抱琵琶半遮面了。北京教育科学研究院于2009年年底进行的专项调查显示:2009年北京市开设心理健康活动课的学校已超过73%,心理咨询室也成为本市中小学办学条件标准中的一项重要指标。目前,全市94.5%的中小学配备了专职或兼职的心理教师。

"心里烦了,就来心理活动室打几下,打完后心里就不憋屈了。"经常去北京市第十四中学心理活动室宣泄的高一学生小杨说，"每月都会来两三次，这并不是说我心理有问题，而是我觉得需要通过这种方式来减轻心理压力。"与小杨一起经常去心理活动室的小张也直言，到心理活动室也会说一些不太高兴的事情，"以前大家都不敢来，觉得来这里就跟有神经病似的，现在却都觉得很正常，班里超过90%的同学曾经来过这里。"

对于这种现象，丰台区青少年心理健康教育中心副主任程忠智给出了这样的解读："独生子女在成长的过程中缺少兄弟姐妹的陪伴，遇到事情时没有商量的同伴，容易走极端。设置心理咨询室，就是为中小学生提供一个心理疏解的场所。在这里，他们可以和心理老师畅所欲言，化解成长过程中的烦恼。"

孩子们到底有什么烦恼呢？这或许是我们最大的疑惑。有一份从青少年学习动力、人际沟通、自我意识和应对方式等四个方面进行的抽样调查告诉了我们答案。在这份测查了来自湖北、河北、浙江、北京等地八所学校2016例学生的心理健康状态的调查中，我们可以明显地看到：孩子们的问题主要来自压力，而最直接的表现就是不快乐。

在调查中，70%的人把上大学作为学习的唯一目标，45%的人在学习中很少感到快乐，69%的人认为"考不好无颜见父母"，

75%的人遇到考试会过分紧张，29%的人觉得考试压力十分可怕，20%的人认为"成绩好主要靠运气"，78%的人认为"考试失败是由于老师出难题"。

这样的数字说明：孩子们的人生目标过于单一，爱好过于单一，这一切直接导致他们一旦受到挫折，很难自我恢复。

而在人际沟通方面，调查中14%的人认为自己不受他人欢迎，73%的人很少主动与人交往，26%的人不能与父母坦诚交流，74%的人不知如何与异性相处，78%的人"难以宽容老师的错误"，70%的人不希望老师太关心自己。

以上数字说明：很多独生子女不愿意和其他人有过多的接触，这最终导致孩子们产生难以消除的孤独感，无法融入大环境中。

另外，在自我意识方面，82%的人认为自己没有任何缺点，78%的人认为"青春年华是痛苦的"，71%的人不善于自我表现，37%的人会自卑，80%的人从来不会奖励自己，74%的人不能控制自己的情绪。

这事实上又是另外一个极端：大起大落的情绪说明的正是孩子们缺乏足够的自控能力。他们在人生道路上没有经历过雷雨风暴，评价事物好坏的标准也过于统一，从而最终导致了自我意识过强。

此外，在应对方式方面，18%的人不能采取直接行动解决困难，43％的人不习惯制定一个行为计划，32％的人不能阻止自己过于匆忙地处理问题，14％的人在受挫后不能汲取经验教训，40％的人有情感困扰时不会向人倾诉，8％的人受挫时借烟酒消愁，11％的人常求神拜佛。

这组数字同样让人担忧：因为孩子们总是和书本打交道，而缺少直接面对问题的机会，导致在真正遇到事情时，处理起来优柔寡断。在这种情况下，他们常常会瞻前顾后，无法适时做出正确的判断和决定。

显然，面对压力就崩溃，现在的青少年正变得越来越脆弱，也越来越经不起风雨。

沉迷游戏难以自拔，人生选择变得狭小

　　孙吉瑞是一名小学生，今年12岁。别看年龄不大，但他近视已有两年了。吉瑞原本拥有一双水灵灵的大眼睛，如今大眼睛却被一副厚厚的眼镜片遮住了昔日的光彩。说起近视，与孙吉瑞喜欢打游戏、抱着手机不放有关。久而久之，眼睛近视了，度数也从100度变成了300度，渐渐看不清黑板了。每次上课孙吉瑞都不得不戴上眼镜，他因此在班上有了"小四眼"和"四眼田鸡"两个外号。

　　记得一次上体育课，在自由活动时间，几个男同学一起打篮球，同学们你追我赶，竞争十分激烈。由于脸上出了很多汗，孙吉瑞的眼镜片上蒙上了一层雾气，球到了他手里，他却不知将球传向哪里。这时，只听得后面有人喊："快传球啊！"正当吉瑞要传球时，又听对面也有人喊了一句："孙吉瑞，传球！"

◎ 图为2014年第四届北京国际自行车骑游大会现场骑自行车的小朋友。

于是，吉瑞闻声传了过去。哪知立刻传来了队友的责备声："你传哪儿去了？那可是对方球员！"孙吉瑞这才恍然大悟。原来对方故意通过喊话来迷惑吉瑞，让他上当，事后自责的吉瑞认为这一切都是近视眼惹的祸。

由于佩戴眼镜的种种不便，本来爱玩爱闹的孙吉瑞变得越来越"老实"了。他逐渐对各类体育活动失去了兴趣，而缺少运动的吉瑞，身体素质越来越差，同时视力也继续下降。两者相互影响，成了恶性循环。吉瑞的性格慢慢变得少言寡语，全家上下都为此而烦恼，却不知道如何是好。

如今，和孙吉瑞一样的"小四眼"在中国有很多很多。

近年来，我国青少年视力低下发病率一直不断攀升，2010

年全国学生体质检测结果表明：我国小学生视力低下比率已达40.89%，初中生达67.33%，高中生达79.20%。我国青少年视力低下患病率和患病人数已高居世界第一位。

当一个个本该在室外享受阳光的孩子都戴上了厚厚的眼镜，他们人生的选择顿时因此变得狭窄起来。

某年北京市中考，考生体检合格率仅有17%，其中视力低下是体检不合格的主要原因。据相关负责人介绍，从中考体检情况来看，大部分区县中考生视力不良检出率都在60%以上。

而学生视力低下所造成的一个直接后果，就是对中考和高考志愿的填报造成影响。从往年体检标准来看，两眼矫正视力之和低于5.0的中考生不能报考中等专业学校；裸眼视力任何一眼低于5.0的考生不能报考交通运输类的铁道车辆、船舶驾驶等专业；裸眼视力任何一眼低于4.8的考生，不能报考音乐、舞蹈类的表演专业等。

而也正是在这样的背景下，近年来，作为兵源的适龄青年越来越少。在北京市2013年夏秋季征兵工作中，就再次遇到了这样的难题。在应征报名的在校大学生及高校应届毕业生里，体检合格的大学生士兵仅占40%多，视力和体重问题成为应征大学生被淘汰的首要原因。

当然，征兵体检标准放宽已经不是第一次了。早在2008年，征兵体检标准就已经在陆勤岗位上对高中以上学历的青年的视力标准限制进行了适当放宽。陆勤岗位，左眼视力、右眼视力标准为：高中不低于4.5和4.7，大专不低于4.5和4.6。而从2011年起，征兵体检的标准又再次放宽，其中多项体检标准再次进行了调整。比如，男兵体重标准由过去的不超过标准体重20%、不低于标准体重10%，放宽到不超过标准体重25%、不低于标准体重15%。

但是，即使如此，北京男生的体重等健康指标，仍然在逐年变差。在2013年北京市的两会上，市人大代表、首都体育学院党委书记李鸿江曾经指出，中国青少年体质连续25年下降，其中力量、速度、爆发力、耐力等身体素质全面下滑，肥胖、豆芽菜型孩子和近视孩子的数量急剧增长。以北京为例，北京一所大学学生军训，3500人的学生规模，累计看病人次达到6000余次。此外，2010年开展的第六次全国学生体质与健康调研结果显示，各学段学生视力不良率仍然居高不下，其中19—22岁的大学生为84.72%。

对此，李鸿江不无担忧地指出："**现在的现实就是，在中国，未富先病已是不争的事实，青少年体质不好，而且将来这一现象也一定会加剧下去。到时候再着急，可就晚了！**"

天性丢失童年暗淡，课业繁重远离锻炼

2013年8月8日，奥体中心全国全民健身日的活动现场，在一个"拍羊角"的摊子前，一位来自丰台的3岁小姑娘，已经蹲在塑胶跑道上半天了。"看你已经玩半天了，以前玩过这个吗？"听到问话，小姑娘抬起头，一脑门子的汗水，大眼睛忽闪忽闪，"扑哧"一乐："没有！"然后又自顾自地低头玩上了。她一边用手使劲儿摔"羊角"，一边嘴里叨咕着："拍死你，拍死你！"

也许是看到小姑娘玩得不对路，一边的两个志愿者哥哥好心示范："你看，这样玩。"一位志愿者先把"三角"的口子捏得大了一些，然后将手中的"三角"一摔，结果地上的那个"三角"就在气浪的推动下翻滚了出去。"这样你就赢了。"可是，小姑娘才不管那么多呢，她按照自己的玩法儿接着摔。"我们小时候玩的，都是方块儿，不是三角儿。"那位志愿者说，"那时候没别的东西玩，就玩这个。"看来，这些旧玩意

儿，并没有退出历史的舞台。

"你会把这个游戏带回去，跟小区的小朋友一起玩吗？"笔者问小姑娘。"可是我不会叠三角儿。"小姑娘认真地回答。"你问问你爸爸，他肯定会！"小女孩像欢快的小麻雀一样，起身，一溜烟地跑到自己的爸爸跟前："你会不会啊？会不会啊？""会！"然后是小女孩一串银铃般的笑声，她又蹲下来"开摔"了。

"抓羊拐""掰腕子"……这些"新鲜"玩意儿在平日的生活中，很多人已经见不着了，但将之放到全民健身日的推广摊子上，却受到了小学生的喜爱。每个立着玩法介绍的牌子跟前，都围拢着不少孩子。瞧，他们的笑脸上分明写着"喜欢"和"开心"呢！

是的，爱玩无疑是孩子们的天性，但是这种天性如今却因为种种原因而被扼杀了。

在"抓羊拐"的摊子前，笔者遇到了一位马上就要升二年级的小男孩儿。他遗憾地说，他们一周只有一堂体育课。"可如果课堂作业没做完，就不让上。"他说。"那你过去一年，有几次因此没上体育课啊？""好几次呢！"他认真地回答，"我们班有好多同学都有过这种情况。""喜欢上体育课吗？""喜欢！"他笑着说，"因为能玩。"看着这个孩子在摊子前玩得兴高采烈久久不愿离去的样子，真让人难以想象：一个小学一年级的孩子，在一周只有一堂体育课的情况下，还会因为没做完当堂作业，被剥夺去户外玩耍的权利。

在两个充气人摔跤的活动项目前，笔者遇到了一群来自全国各省份边远山区的高中生，他们来自中国扶贫基金会组织的夏令营。"4个县，从440个人中，每个县择优选5位学生参加夏令营。"来自贵州的一位姑娘告诉笔者。"那怎么择优呢？""我们都是品学兼优的学生，特别是学习成绩都非常好！"一位来自山西的小伙子告诉笔者。"你们平时的体育成绩怎么样啊？"许多孩子听到这个话题，都不好意思地笑了："不好！"他们中的一个告诉记者："坦率地说，确实不是很好，因为我们都在努力学习。"

学习成为阻挠孩子们快乐玩耍，甚至是体育锻炼的理由，在当今已是老生常谈。与笔者交流的几个来自北京市某区游泳俱乐部的小学生说，他们除了放假可以放松一下，平时上学便是上课，做作业，去游泳训练班根本没有时间玩。"完成功课已经是晚上9点了。"一个小姑娘说，"夏天都不行，更别说冬天了。"那他们好歹不是还在进行游泳锻炼吗？关于这一点，一位家长告诉笔者："有两个考虑，一是锻炼身体，二是希望能够通过游泳对升学有所帮助。"

真正有闲空又有意愿锻炼身体的，反而是中老年人。笔者在全民健身科学指导大讲堂前露天的会场发现，上百位大爷大妈顶着烤人的太阳，在一个多小时的时间里，站着听讲，跟着老师做动作，十分认真。三位来自地坛的抖空竹的阿姨告诉记者，健身让她们受益匪浅。一位阿姨说："我抖空竹这些年都掉了四十多斤肉了。"谈到不远处那些没有时间玩、没有时间乐的孩子们，阿姨说："他们也就能玩这一天。"

"暑假我们不着家！" 这句话放在二十年前，那一定是在说"疯玩"的状态，但换在当下，恐怕就会有歧义。因为随着课业负担和升学压力的不断加码，孩子们的暑假已经被各种学习班、补课班所占据。虽然孩子们也每天奔波在外"不着家"，但那却不是在玩，他们甚至比上学时的时间安排还紧张，奔波起来还辛劳。

那么我们所说的"不着家"，到底是希望孩子们在"外面"干些什么呢？二十年前，那绝对意味着参与各种各样的体育活动——打篮球、游泳、踢足球、爬山……哪怕是捕蝉、捞鱼、放风筝，也多少能沾上点体育的边儿。总之，孩子们不像如今，要么成天捧着书本"啃"，伏在案上"写"；要么端坐在电视或电脑前一动不动，或者捧着游戏机和Ipad舍不得放下。其实，社会上不仅有各种学习班，还有各种体育俱乐部、健身场所、各类体育夏令营。家长们是否想到：既然是暑假，那么就应该让它回归到"玩"的本质上，要让孩子们参与到健康的、积极的"玩"中去，那就是参与体育锻炼和体育活动。

可能很多家长似乎意识不到这对孩子的好处到底在哪里。不久前发生的一件事情，确实让人唏嘘：那是高考结束后的一天，京城纸媒几位三十多岁的体育记者，和一群刚刚参加完高考的十八、十九岁少年，在东单体育场踢了一会儿足球。但这群绝大多数形似C罗，甚至干脆就穿着梅西球衫的小伙子，却给一群"老爷们"留下了跑不动、没有爆发力、动作不协调的印象。他们很快就被"削"了个0∶4。好几位记者在场下都忍不住发出了这样的疑问:"你们上体育课吗?"其实,良好的体育爱好和体育习惯怎么能用已经高度应试化的体育课来取代呢?记得2012年笔者在一所学校采访时,家中一位正在读高中的亲戚炫耀自己在当天的校运会上拿回了1000米银牌,可成绩竟然是3分46秒,这比笔者当年参加北京市体育中考的1000米成绩整整慢了50秒。

"**体质差,而且是很差,这是一个不争的事实!**"毛振明曾在接受记者采访时说。但体育对孩子们成长的影响又绝不仅仅停留在体魄和健康这个基本的层面上。一位朋友不久前告诉笔者,他们小区配建了许多体育设施,他在任何时候经过,都能看到一群外籍孩子在体育设施上"活动"。"摔了、跌了,这些孩子立刻爬起来,跟没事人一样,接着玩。"那位朋友说,"偶尔有中国孩子在玩,但我发现,孩子身边恨不得陪着三个家长。孩子一不小心没站稳,家长都抢着过去扶。"通过这个事例,我们不应该反思吗?体育锻炼可以培养强者,但强者难道仅仅是强在体魄上吗?

如果在暑假,家长都不让孩子们自由地参加各种体育活动,不让孩子们通过体育活动化解长时间学习的压力,从中得到乐趣,结交朋友,培养竞争意识、团队精神和荣誉感,在潜移默化中增强自身体质,形成受益终身的锻炼习惯。那么,体质差乃至性格懦弱骄纵,就绝不仅仅是每一个具体的家庭和孩子所需要面对的现实,而很快就将成为一个民族在未来的竞争和生存中必须面对的残酷现实。

第二章
青少年身体素质下降之原因分析

当小胖墩、小眼镜、小豆芽们变得越来越多,我们就应该思考一下其中的原因了。

是孩子们出了问题?还是家长们出了问题?是学校出了问题?还是社会出了问题?当这种疑问以一种层层递进的方式被提出,我们也感到了深深的无奈。因为许多问题的产生,都是有其社会根源的,而孩子们在身体和心理上的双重脆弱也同样如此。

因为家中只有一个孩子,孩子们从小就被娇生惯养。他们习惯了大人们的保护,因此失去了足够的主动性,更缺乏足够的责任心,只喜欢沉浸在自己的世界中。因为社会的压力过大，学校和家长都将学业摆在了教育的首位，从而导致了孩子们的价值取向过于单一，只知道成天缩在家中念书。如此这般，我们的青少年又怎么能具有健康的身体和健康的心态？

所以，我们必须去探究这一切发生的原因。而这个探究的过程势必会带给我们深刻的启示，让我们来应对这个社会问题。但愿，认识到问题之后，整个社会都能够警醒，从现在做起，重新开始"强我少年"！

我戏少年

"六拖一"的重负,我们教会了孩子什么

曾子曰:"婴儿非与戏也,婴儿非有知也,待父母而学者也,听父母之教。今子欺之,是教子欺也。母欺子,子而不信其母,非所以成教也。"

我们常常说,家庭是孩子的第一所学校,这话非常精辟。当孩子睁开眼睛后,他最初接触的东西都来自家庭。而父母乃至爷爷奶奶和姥姥姥爷对于孩子的影响就非常深刻,经过多年的累积,家庭环境对一个孩子的一生都会起到不可替代的作用。

那么,现在我们的家庭到底都给孩子提供了些什么?

小明是个小学生,更是全家六位大人的心头肉。从生下来的那一刻起,小明就被爷爷奶奶、姥姥姥爷和爸爸妈妈视为掌上明珠。每一个人都舍不得让小明哭,谁也见不得小明受委屈。

国家的独生子女政策让如今的家庭面临着"六拖一"的状况，也正是在这种状况下，孩子们的快乐变得只和家长们的喜好息息相关了。

小明从3岁开始上英文课。那时，她的汉语还说得模棱两可，含含糊糊，到了英语课上，也只能跟着外教胡乱念字母。但是即使如此，小明的父母依然坚持每周送她上两次英语课，就这样，一直到上小学，再送她去了更高级别的英语班。当然，除了英语课，因为是女孩子，小明还被要求学习弹钢琴、学声乐和书法。总之，基本上从幼儿园开始，小明的户外活动时间便开始逐渐减少。慢慢地，小明不再喜欢出去玩耍，她更喜欢待在家里安静地看书。

小丽的情况则是这样的：小丽的父母只给小丽报和上学有关的课外辅导班。于是小丽每周都要学英语、数学和写作课，基本上天天就是在学校和课外辅导班之间转悠。在小丽的心中，只有好好学习，考试拿第一名才能让爸爸妈妈高兴，她才算是一个好孩子。久而久之，小丽变得只会读书，而且只对读书感兴趣，至于其他的人和事，则根本不关心。

小凯的问题在于他的生活能力非常差。因为是早产儿，小凯的家长总是对小凯的身体很担忧。因此，他们不喜欢小凯做剧烈的运动，他们总是怕自己的孩子受伤。而在这种心态的作用下，他们包办了小凯生活中大部分其实并不需要他们去做的事情。因此，小凯自理能力变得非常差，身体也越来越弱，几乎每个月都得去医院"报到"。

更糟糕的情况来自小飞。他从小被爷爷奶奶带大，基本上属于要什么有什么的状态。而他的爷爷奶奶最常挂在嘴边的一句话就是："小飞，乖，想要什么呀？爷爷奶奶给你买。"就这样，从幼儿园到小学，再到中学，小飞渐渐变成一个脾气非常不好的孩子。他习惯于别人顺从他，他不喜欢和大家一起玩，有了问题就直接找大人诉苦，而一旦受到挫折就大哭大闹，成了一个地道的问题儿童。

小明、小丽、小凯和小飞，并不是什么特殊的例子，他们就生活在我们的身边。他们都是在家庭的影响下，变成了如今的样子。

如果你想否认这一点，那么就请先问问自己以下几个问题吧。

首先，你是不是望子成龙，望女成凤？

只有一个孩子，谁不希望他一切都好？这就是中国目前的独生子女现状造成的一种根深蒂固的观念——我们必须倾尽全力，将我们唯一的孩子培养好。

那么，怎样才算是将孩子培养成功了呢？在我们这个"重文轻武"的社会里，学习成绩成为唯一的标准。因此，几乎每个家长都对孩子的成绩有着近乎苛刻的要求。他们要求孩子每次考试都必须达到班级或年级的前几名，每逢节假日甚至每天晚上都会给孩子上补习班，或者聘请家教来给孩子"吃小灶"。

而这一切的目的就是让孩子取得好的学习成绩，将来考取名牌大学，谋求好的职业。

家长过分强调对孩子们智力方面的培养，导致学习几乎占用了孩子们的全部业余时间，他们没有闲暇时间来参加体育活动。就这样，在长期高强度的学习压力下，本来发育就不够成熟的孩子，加之又缺乏必要的体育运动，身体机能及各方面素质都在下降。

其次，你是不是喜欢帮助孩子完成各种事情，总是担心孩子受伤或者能力有限？

很多孩子的家长都是经过自己的打拼才拥有了如今的经济基础，所以他们不想让孩子体验生活的艰辛，想给孩子最好的一切。谁知，他们正在剥夺每一个孩子成长必经的历练和挫折。温室里的花，又怎么能经受得了室外的风吹雨打？家长给孩子穿上"爱"的外衣，自认为这是最好的保护，却让孩子如折翼的天使，忘记了怎么飞翔。

如今的现实情况就是，独生子女家庭的核心就是子女。在长辈眼中，孩子总是脆弱的，他们能力有限，稍微放手就可能出问题。因此，他们给予孩子全方位的保护，除了读书这一点替代不了之外，家长对孩子的保护可说是面面俱到。孩子们不仅每天饭来张口、衣来伸手，甚至是上下学路上的书包都是家长帮着拿。结果，长期的娇生惯养使孩子们产生了怕苦怕累的思想，而一想到体育锻炼会出现费力、出汗，甚至伤病等情况，孩子们便退缩了，家长们更是连连说"不"。

再次，你是不是一切都以孩子为中心，过度溺爱呢？

如今，很多父母都是一切围绕孩子转，满足孩子的所有需求，溺爱孩子。他们不是去教孩子如何理解爱和培养孩子对他人的爱，反而不自觉地让孩子学会了索取。这样长久下去，孩子们便不自觉地养成了以自我为中心、只为自己考虑的习惯，认为别人为他所做的一切都是应该的，理所当然的；认为规矩都是为别人制订的，与自己无关。在溺爱中成长的孩子会有很强的优越感，常常眼高手低，不善于与人相处，而当他们看到别人的进步时，又很容易产生沮丧的情绪。如果这样的孩子再缺乏合作精神，过度地以自我为中心，便容易在压力下消沉、颓丧，甚至精神崩溃。

最后，你是不是总喜欢迁就孩子的好恶？他们想吃什么就给什么，总担心他们吃不饱？

如今，人们的生活水平越来越高，家长有能力为孩子提供营养丰富的食物，但是他们单纯地认为高热量、高脂肪及高蛋白质的食物就有营养，就利于孩子的生长发育，而这种简单的想法往往导致青少年对营养盲目、过分地摄取。甚至有部分家长热衷于给孩子补充各种各样的营养品、保健品，导致孩子营养严重过剩，变得肥胖。这些孩子由于身体的肥胖，运动起来感觉吃力，因此就更加懒于运动，从而形成了恶性循环，小胖墩大量产生。

　　所以，请不要急于否认，家庭的因素的确是造成孩子们越来越远离运动、身体素质越来越差、心理承受能力越来越弱的直接原因。

长跑都取消了，我们让孩子去哪里奔跑

随风奔跑自由是方向，
追逐雷和闪电的力量，
把浩瀚的海洋装进我胸膛，
即使再小的帆也能远航。
随风飞翔有梦作翅膀，
敢爱敢做勇敢闯一闯，
哪怕遇见再大的风险再大的浪，
也会有默契的目光。

多好的歌词，它来自一首名为《奔跑》的歌曲。大概在每个人的心中，都有一个关于奔跑的梦——抬脚，出发，然后朝着前方奔跑，永不停歇。

但是，奔跑，如今对于很多的青少年来说，却已经成为奢侈的代名词。当孩子们的身体素质越来越差，当学校更注重学

业，校园体育已经慢慢成了种摆设。当长跑项目都在学校中消失，我们还能去哪里奔跑？

如今的学校中，体育被边缘化已经成为不争的事实。就在过去的几年中，全国多所学校都取消了长跑这个项目，当然这也只是其中之一。一些容易出现危险和使学生受伤的运动项目，在体育课的教育大纲中也纷纷消失了，比如"跳山羊"和倒立。一些又累又苦的身体素质练习也在学生和家长的抗议下被缩减到最少，比如引体向上、俯卧撑等。于是，在学校体育课的设置中，越来越多我们曾经熟悉的项目开始消失，孩子们需要掌握的体育技能也越来越少。

为增强大学生身体素质，高校长跑在20世纪50年代由我国著名体育家、清华大学教授马约翰发起。当时，学校要求学生每周进行三次长跑，每次跑1000米。后来该活动逐渐被其他高校效仿，有的院校制定2000米等标准。20世纪80年代，高校长跑中出现过5000米、10000米等运动会长跑比赛。20世纪90年代，长跑被纳入高校考试范围，设定标准为男子1500米、1000米，女子1000米、800米长跑项目。

然而，现在这种情况已经成为历史。

2012年，笔者走访了北京部分高校。结果发现，北京科技大学、北京师范大学、首都经贸大学等高校取消了3000米以上长跑，取而代之的是"400米障碍赛""龙卷风""编长辫"等趣味项目。

◎ 图为2014年北京晚报"百队杯"足球赛比赛现场。

2012年的春季运动会，北京科技大学的操场，已不见传统项目男子3000米、女子1500米长跑。一种叫作"龙卷风"的趣味游戏正风靡赛场，掌声、欢呼声中，很多人手持一个长杆，一齐旋转飞奔，长杆"嗖嗖"朝队员们脚下扫去……队员们一看到长杆过来，就争先跳起。

同样的事情也发生在北京师范大学运动会的赛场上，本是运动会固定项目的男子5000米、女子3000米长跑被取消。取而代之的是"名次跑""编长辫"等团体趣味项目。像胳膊一般粗的红黄绿三色"绳子"有几十米长，多名队员如"车间工人"，紧张地拧着麻花辫。辫结多者胜。

长跑消失了，学生们怎么看待这种情况？答案是，他们居然一点儿也不觉得有什么不妥。

在北京科技大学机械系大一学生小马看来，长跑从跑道上"下架"是"一件好事"。小马笑称，就在入学后第一学期，他进行了体育课上的男子1000米长跑测试，尽管跑及格了，但他"跑得像狗一样，累得气喘吁吁"。该校多位同学称，由于从小从未参加长跑等高强度运动，感觉跑下来很危险。他们反而更喜欢玩"龙卷风"，认为其"安全，有趣味，是团体作战"。

在人人网上，每到学期期末体育考试期间，就有不少北京学生发帖吐槽——体育考试，尤其是1000米等项目，曾有偿让他人代考，以此蒙混过关。

我们的孩子怎么变成了这样？长跑怎么就成为一个消失的名字了呢？

对此，家长们有他们的说法。在家长们看来，孩子们的安全是必须放在第一位的。很多家长都坦言，自己孩子的体质确实不好，在这种情况下让他们去参加高强度的长跑，肯定有危险。而明知道危险，为什么还要让孩子们去参加呢？所以取消是最好的选择。另外，家长也承认，和跑步等体育运动比起来，学生们更喜欢玩电脑和学习。所以，取消长跑，家长们都觉得挺好。而教育部体育卫生与艺术教育司司长王登峰是这样解读这种心态的："很多家长认为，孩子在考上好的大学之前，可以先不要体育锻炼，等上了大学之后再去补。就目前的状况来看，很多孩子上了大学之后，也不可能去补体育锻炼。"

对此，学校的老师也有他们的说法。在老师们看来，长跑不受学生喜爱，而且具有一定的危险性，这是学校取消这个项目的重要原因。

北京师范大学田径教研室工作人员称，3000米以上长跑曾作为学校运动会的保留项目，要求各个院系都报名参加，但因报名者寥寥，多数院系弃权，长跑逐渐由大众项目变成小众项目，直至被取消。

首都经贸大学体育部负责人则称，经调查，多数学生不喜欢3000米以上长跑，认为其枯燥乏味，过分强调竞技性，而对于不经常参加锻炼的学生而言，突然参加3000米以上长跑，则有可能因意外事件发生，从而影响身体健康。

"我国青少年体质已连续25年下降。"北京市人大代表、北京第十二中学校长李有毅为此举了这样一个例子，"别说军训，就是我们学校每年40分钟的开学典礼，都有学生站着站着就晕倒了。我们学校有1000名学生住宿，他们早上有时候起不来，学校就想能不能让他们晨练，可坚持一个月就不得不停止了。家长联名写信说'你们太摧残孩子啦'，还有家长建议'能不能把锻炼改在放学之后'？"

在第十二中学，同样夭折的不仅是晨练，"原来学校初一有军训，后来也停了，太多家长拿来了从医院开出来的请假条。"李有毅说。

对此，体育学专家也有他们的看法。他们认为，家长和老师给出的理由只是一种表象，真正的原因还是来自社会。对此，北京体育大学邢文华教授说："长跑项目的消失，根源其实还在于教育中体育被边缘化。教育中，过去讲'德智体'三育，但现实中则是智育德育第一，体育被忽视。"

确实，如今的学校体育被忽视已经成为一个非常严重的问题。让我们一起来看以下几个问题。

首先，现在的学校里还有多少专业体育教师呢？

"义务教育阶段体育教师缺编30多万。"王登峰在清华大学马约翰体育教育思想和学校体育工作研讨会上说出了这样一个数字。

王登峰表示，目前不少学校一个语文老师的编制配三个人，一个数学老师的编制配两个半人，可仅有几名体育老师的编制却配不了一个人。"义务教育阶段的教师队伍编制总体超编100多万，但其中体育教师却缺编30多万，这一结构性问题是大挑战。"

确实，如今学校里体育老师缺乏已经成为一种普遍现象。现在的体育专业毕业生一般都不愿意去学校当体育老师，觉得这份工作又苦又没有前途。而在农村学校，这种情况则更为明显。在全国的号召下，部分大学生走进农村支教，缓解了农村师资短缺的状况。但由于长期缺少师资，每每来校的大学毕业生不论何种专业，都被安排在语文、数学等主要学科的岗位上，而体育课却一般由上了年纪的教师以带领孩子们做游戏活动来代替，或者，学校就干脆很少上体育课。

对此，王登峰举了一个例子："据我所知，不少学校配备的体育老师，既不是体育院校师范类专业毕业的，也没有从事过任何运动的专业化训练。南京一所省级实验小学，五名体育老师中有三名都是半路出家的，其中两个过去学的是会计和医学，还有一个竟是学校的数学老师兼任的。这样子让他们去教学生体育技能，怎么可能教得好？"

其次，学校的体育课设置得合理吗？

学校体育教育的目标是增强学生体质，增进学生健康，为终身体育奠定基础。然而在当前的学校体育教学中，因为教学内容繁多，教学时间少，教学过程在很大程度上受到挤压，因此每节课的教学目标常常无法得以实现。量变产生质变，没有量的积累就难以实现质的突破。因此，想通过每周的寥寥几节体育课，来实现国家制定的学校体育目标是不现实的。

事实上，只有通过体育教学的手段，来培养学生注重体育技能的学习和练习方法的掌握，才是体育教育的课堂目标之一，进而才有可能实现增强体质的目的。如果各种项目的内容都要在课堂中完成，那么在目前的条件下，技术教学仅仅是在低水平上重复，学生既体验不到运动的满足感，又体验不到提高技术和掌握知识的乐趣，教学就很容易出现由于内容空泛而产生的"游戏化"和"活动化"倾向。因此，很多时候只是让学生参加活动，根本达不到体育教育的目的。

另外，在校园体育中，存在很严重的偏科现象。因为上级领导在对体育教师进行考核评价时，运动会和各项比赛的成绩占到很大比重，有的甚至是唯一标准，很多学校的教师便只注重提高小部分学生的竞技成绩，而忽略了大部分学生体育能力的培养和运动方法技能的改进。

再次，学校真的认为体育很重要吗？

国家体育总局和教育部公布的2010年国民体质监测结果表明：大学生身体素质27年来一直在下降。与1985年相比，肺活量下降近10%；大学女生800米跑、男生1000米跑成绩分别下降10.3%和10.9%。同时，近年来的一系列体质监测报告显示，我国的青少年学生呈现出小学、中学到大学体质健康状况持续下降的轨迹。

而和这种情况相对应的是，目前学校中体育课所占的百分比越来越少。对此，清华大学体育部主任刘波这样说："这反映出体育教育被边缘化的问题。现在的中小学升学压力很大，虽然政策'保障'体育课的存在，但不断增加的课业压力，却直接压缩了学生们的体育运动时间。没有锻炼时间，锻炼习惯也就无从谈起。"

2012年，有关部门对15个省区市120个县市区进行的调研显示，缺乏体育运动成为中小学普遍的问题。其中，小学四年级体育课开课不足率达56.5%，初中二年级体育课开课不足率达76%。31.6%的小学四年级和83.5%的初中二年级，学校基本不组织课外体育活动。

除了在课时上无法保证之外，场地和设施也是校园体育面临的一大难题。据了解，即使是在北京，一些中小学操场也都不够标准，有的学校根本就没有操场，院落狭小，不能开展田径运动；有的学校的体育器材室里倒是存放了一些铅球、标枪等器械，但也只是为了应付验收，根本无法派上用场。至于农村小学，就更别提什么运动设施了。

中国的情况如此，那么我们的邻国日本是不是也是如此呢？

答案是否定的。在日本，学校体育是由文部省（相当于中国的教育部）下属的日本体育协会全面负责的，培养高水平的运动员是日本体育协会的工作内容之一，但并不是主要内容。"增加日本全国的体育人口，尤其是提高青少年的体育运动参与率才是主要任务。就学校体育而言，不断提高学生参加体育活动普及度的工作，比培养顶尖运动员更为重要。"带队参加中日韩青少年运动会的日本代表团团长不老浩二这样说。

在日本的中小学，上体育课是学生参加体育活动的最低要求，而种类繁多的学生体育社团，则是学校体育活动蓬勃开展的主要载体。"基本上，日本所有的初中和高中都加入了全国性的初中体育联盟和高中体育联盟。"不老浩二介绍，"联盟内设有田径、游泳、棒球、足球、排球和乒乓球等大约20个体育单项小联盟，这些联盟在学校的组成单位就是学生体育社团。所有学生均可根据自己的喜好加入学校不同体育项目的社团中。"根据2012年的统计结果，加入日本初中体育联盟的学生，占到所有初中生的64.48%。

"学校是培养学生体育兴趣的重要场所，参与体育运动，最终还是要发自学生的内心。学校体育有责任提供更多平台，让更多学生动起来。"北京大学体育部主任郝光安表示，"对于青少年来说，学校体育绝对是不容忽视的一部分。"

高人一头却输了，我们给了孩子怎样的童年

让我们把时间拉回到2012年10月25日，一场北京某小学足球队与俄罗斯少年迪纳摩队的比赛，曾经掀起了一场不小的波澜。

那是一场让人看着揪心的比赛，我们的孩子年龄比对手大，身高更是足足高出对手一个头之多。但是最终的结果，却是我们以0∶11输给了对手。输球之后，我们的孩子在场边一个个哭得都很伤心，让人看着难受。

据在现场观看了那场比赛的老师介绍："我们的孩子身体素质与对方差距明显，一是速度慢，二是爆发力差，三是动作不协调。但实际上，上场踢球的这些孩子已经是平常爱活动的了，那些身体弱的孩子还没上呢。"

这样一场比赛随即引发了一场大范围的讨论。讨论的范畴也不再仅仅局限于足球领域，而是直接扩展到了中国当代整个青少年的身体素质问题上。这场讨论的最终落点正是社

会因素。

"我想,这场足球赛能引起这么大范围的讨论,主要原因还是我们的学生在身体素质和基本运动技能方面,与俄罗斯的孩子还有很大差距。"北京体育大学学校体育教研室主任王华倬说,"而这是一种普遍的社会现象,并非是什么个例。"

"2007年,国务院专门针对学生体质问题下发了文件。根据我们的调查和之前六次全国学生体质调研的结果看,中小学生的肥胖率和近视率都在上升,实在令人心痛。"王华倬说。

那么,孩子们变成这个样子,我们的社会到底在扮演怎样一个角色呢?恐怕是一个不良的角色吧!

这一点其实并没有任何疑问。"越发复杂的社会环境是青少年体质渐弱的主要原因,而所有经济发展处于增长期的国家,都会遇到青少年体质下降的问题,这是一个国际性的问题。"王华倬给出了这样的解答。

王华倬这里所说的问题,正是城市化建设给孩子们带来的限制。中国改革开放三十多年来,经济飞速发展,城市化建设进程迈上了一个又一个的新台阶。可是,就在经济飞速发展的同时,孩子们娱乐嬉戏的大自然也被水泥、柏油路所取代。再加上社区体育设施发展相对滞后,电视、电脑牢牢地吸引孩子们的眼球,导致他们的户外活动日益减少……这一切,自然而然地造成了青少年体质的下降。

小路从小就是个喜欢踢足球的孩子,这个爱好一直保持到他上中学。但是,这两年,小路却越来越提不起兴趣去踢球了,原因是什么呢？没地方踢。暑假期间，他先后几次和几个同学想去学校操场踢球，却被告知不能回学校。大家跑了周边好几所学校，结果全都吃了"闭门羹"。无奈之下，他只好在家门口窄窄的过道上当起了"孩子王"。小路说："只能在这里和这些十来岁的小孩子们玩。人来人往的，危险得很。我每天都需要活动一下，但是能去哪儿呢？"

面对孩子们的无奈，学校却依然选择了无视。一位小学校长就给出了他的理由：第一，中小学生体育锻炼容易发生安全事故，学校和家长难免扯皮；第二，开放场地后，给学校的管理工作带来困难，增加成本；第三，学校校舍及体育设施容易被损害。

学生的无奈和学校的无奈，让青少年健身成为"水中月"。对此，北京体育大学博士唐炎直言，我国青少年健身事实上正处于一种"两不管"的尴尬境地。对体育部门来说金牌最重要，群众体育工作的重点是老年人。因此，群体性体育设施很少适合中小学生锻炼，因为学生应该由教育部门管；对教育部门来说，升学最重要，给学生安排体育课已经足够了，他们的体育锻炼、身体素质，应该由体育部门管。

"青少年锻炼少、体质差，暑假是他们加强锻炼的好时机，但不能完全让学生自找门路去锻炼，因为这不是他们自己的事情，而是关系到下一代成长，关系到国家未来竞争力的问题。"唐炎说，"单纯依靠学校开放场地，难以从根本上解决问题，否则就不会这么多年一直不能解决。所以，还应该从其他途径找办法，比如国家制定政策并投入资金，引导和扶持社会力量，帮助青少年健身。"

没有地方让孩子去锻炼，已经很令人无奈了。但是，除此之外，在中国，还有更为特殊的理由，那就是来自传统观念的压力。

在大部分中国人的传统观念里，搞体育的人总被认为是头脑简单、四肢发达，因此，常常有很多体育爱好者，迫于各方面的压力放弃自己的爱好。近年来，在国家的倡导下，这种观念有所转变，然而大部分家长还是愿意自己的孩子好好学习文化课，而不想让他们去从事跟体育有关的工作。

于是，我们看到的是一群群小眼镜对着书本苦读，所谓的素质教育则距离我们的孩子非常遥远。孙云晓对此有着非常深的感触："中日韩三国，在对青少年的教育和培养上，观念差别很大。"

在孙云晓看来，中日韩三国孩子的差异实际上表现为教育的差异。这里的关键不是说中国孩子不行，而是中国教育存在着观念上的问题。

"日本和韩国特别重视孩子们的全面发展，特别重视体育锻炼和野外生存能力，中国的教育特别重视孩子的成绩，要孩子吃好、穿好、学习好。而这种全社会的思维定式让我们的孩子和日本与韩国的孩子产生了不小的差距。"孙云晓说。

◎ 图为小朋友练习跆拳道。

　　赵震从小就在日本上学，只在初中的时候回北京读过几年书，高中的时候又回到了日本。谈到中日在教育上的差别，他深有感触："日本的学校和家庭非常鼓励学生去参与体育运动。比如，日本在很多的文化产业方面就十分提倡中学生的锻炼，有不少漫画和动画片都在讲运动。它们在全日本热播之后，很多人都会因为看了动画片而去参与运动项目。其次，除了体育锻炼，学校还经常组织孩子们进行野外活动。而组织方则肯定会在之前，就把安全预案做到惊人细致的地步。所以，一方面孩子们吃苦的潜力被最大程度地激发出来，一方面危险的概率又被降得很低。"

　　对此，孙云晓指出，这正是素质教育的差别化体现。"1993

年那次运动会给我留下了非常深刻的印象。日本的孩子特别能够吃苦，有顽强的竞争意识，并且有环保意识，中国的孩子却不能做到这些。日本的70个孩子到了北京，老师说解散，自由活动，几点钟回来集合。不久雷雨大作，这些孩子们都按时回来了。当时我就觉得，如果我们的观念不改变，情况可能会更糟糕。事实证明，这种担心是很有必要的。现在我们的观念依然没有太大的改进，我们的青少年也变得越来越脆弱。"孙云晓忧虑地说。

当然，在整个社会因素中，让青少年远离运动的最为关键的因素，还是社会价值取向。只有读书好才有出息，只有考上好的大学才是好孩子，只有能够考上好大学的孩子才有出路——当这样的观念像大山一样压在人们身上时，青少年的生活实际上已经被牢牢地限定在一个窄小的范围之内了。

对此，唐炎深有感触："中小学生暑假锻炼难，其实最难的一个环节是在兴趣。"

确实，虽然目前青少年锻炼健身的场地是个大问题，但是其实还有很多人是"不想锻炼"或"不能锻炼"的。

婷婷是个脸色苍白的小姑娘，说起她的生活，这个才十几岁的孩子叹着气说就是"累"。"我每天写作业要写到晚上10点，写得慢时要熬到11点、12点。好不容易到了假期，妈妈给我请了5门功课的家教，我真的是一点儿兴趣也没有。但是没办法，如果不去读，妈妈会很生气。而且，我们班其他同学也都要上这样那样的补习班，如果我不去，感觉就会落下。"婷婷一脸无奈地说。

婷婷一方面被学业压得喘不过气来，一方面却根本不想出去锻炼身体。"我不喜欢出去锻炼，没有时间是一个方面；另一个方面是根本没有这个习惯，觉得很别扭。有时间还不如读读书，或者睡睡觉。再不行，在家里上上网不是也挺好的嘛！"婷婷说。

不喜欢、不愿意，正成为现今青少年对健身和户外运动的常用词。而让小小的他们变成这个样子的，则正是我们这个大大的社会。

好日子养出病娃娃，我们怎样做才是对孩子好

"世界是你们的，也是我们的，但是归根结底是你们的。你们青年人朝气蓬勃，正在兴旺时期，好像早晨八九点钟的太阳。希望寄托在你们身上！"50多年前，当毛泽东对着一群热血激昂的学生慷慨地发表对中国未来的畅想时，有谁会想到在50多年后的今天，健康营养问题正一步步困扰着数以万计国家的栋梁、祖国的未来？

现在，在全世界1.55亿超重肥胖少年儿童中，每13个人中就有1个是中国的少年儿童。他们到30岁时有85%以上的人仍超重，伴随而来的是高血糖、高血压和高血脂，患糖尿病、心血管等疾病的年龄大大提前。当然，还有大批的孩子成为近视眼，早早地就戴上了厚厚的眼镜。

"现在的孩子个子比以前高了，但有的跑不到20分钟就气喘吁吁。"全国政协委员、民盟中央副主席徐辉说，"生活越来越好，但孩子们的体质却呈现下降趋势。在一些中

小学校园，不时可见小胖墩、小豆芽等具有不健康体形的青少年。"

事实的确如此，2010年全国学生体质与健康调研的结果显示，学生体质与健康状况整体堪忧：

第一，肥胖检出率继续增加。7岁至22岁的城市男生、城市女生、乡村男生、乡村女生肥胖检出率分别为13.33%、5.64%、7.83%、3.78%。超重检出率分别为14.81%、9.92%、10.79%、8.03%。

第二，视力不良检出率继续上升，并出现低龄化倾向。7岁至12岁小学生为40.89%，13岁至15岁初中生为67.33%，16岁至18岁高中生为79.20%，19岁至22岁大学生为84.72%。

面对以上的数据，我们不禁纳闷，生活条件日益改善，物质水平高速发展，体质应该与之成正比，为何却背道而驰呢？好日子为什么养出了更多的病娃娃？

究其原因，孩子们的生活习惯成为罪魁祸首。当孩子们成天吃着垃圾食品，然后又不运动，他们又怎么能不成为小胖墩？当孩子们只愿意在家里打游戏，他们的视力又怎么能不下降？当孩子们连跑步都不愿意，他们的血脂和血压又怎么能不出现问题？所以，好日子最终养出了一群病娃娃。

让我们问问自己以下几个问题吧：

首先，我们每天到底都给孩子们吃了些什么？

请把我们现在餐桌上的食物与父母那一代相比。用"天壤之别"来形容或许并不为过，鸡鸭鱼肉这些在以前只有逢年过节才能摆上桌的食物，现在早已飞入寻常百姓家。但是，食物极大丰富的另一面却是孩子们挑食、偏食和厌食现象的产生。

有调查显示，目前城市的学生挑食问题比较突出，69%的学生只挑自己喜欢的食品吃，47%的学生偏爱油炸食品和小摊上的食品，而过多食用高能量和高脂肪的食品成为城市学龄儿童体重超标的主要因素。

日前，世界卫生组织公布了十大垃圾食品的名单，其中油炸类食品、腌制类食品、加工类肉食品位居前列，而饼干类食品、汽水可乐类饮料和方便类食品也在其中。另外，冷冻甜品类食品和烧烤类食品也是既没有营养，又容易让人发胖的垃圾食品。

肯德基、麦当劳、必胜客等洋快餐的进入，为中国人的日常饮食带来多样性选择的同时，也带来了高热量和高脂肪。饼干、薯片、饮料等丰富的零食为孩子们的休闲带来方便的同时，也为其健康留下了隐忧。

其次，你是不是总担心孩子吃不饱？

吃得多就是好，吃得杂就是好，这是很多中国人的传统观念。而也正是在这样的观念下，不少家长将自己的孩子喂成了小胖墩。

"我们常常强调，什么都要吃，其实这种观念是不对的。

营养要均衡，营养过剩导致的问题并不比营养不良少，家长们为了让孩子们健康，误以为吃得多就是好，这种错误的想法也是导致孩子们日益肥胖的原因之一。现在很多孩子都不缺少蛋白质，反而是一些钙、铁、锌和维生素A等微量营养素严重缺乏。这些东西大多都存在于蔬菜、水果中，所以我们也就能轻而易举地找出病因了。"法国营养学专家皮埃尔·迪康这样说。

每年的5月20日是"中国学生营养日"，但是这个"健康促进日"并没有引起广泛的社会关注，比起"减肥""减压"等话题，营养话题实在不够抓人眼球。这种广泛的"忽略"似乎有两个分支：一个分支是大多数人认为生活质量提高了，吃自己爱吃的东西，营养肯定不缺乏；另一个分支则认为"营养"话题与养生关系甚密，那些退了休的老年人才会关注。问起那些家庭生活已经奔向小康的学生对营养问题的关注程度，他们往往会拍拍自己少年发福的肚皮说："营养不是问题！"

其实这正是"学生营养日"最为关注的问题：肥胖与营养不良同时并存，营养状况与生活水平提高多少、吃喝花费增加多少并无正比关系。城市学生并不比农村学生的营养状况好，现在的营养水平也并没有比十几年前的营养水平高。

再次，你有没有阻止自己的孩子成天看电视和玩电脑？

《2012北京青少年用眼卫生情况调查报告》显示：6岁至15岁的青少年近视比例高达47%。

此次调查共有东城、海淀、朝阳等10个区县的8.2万名青少年参加。调查数据表明，父母使用电子产品的频率会对孩子的视力产生影响。父母如果经常使用电子产品，其子女近视比例达52%；父母如果偶尔使用或从不使用电子产品，其子女近视比例则在41%左右。

此外，周末户外运动多的青少年发生近视的比例较低，运动在半天以上或者一天以上的青少年发生近视的比例低于43%。周末从不运动的青少年发生近视的比例为59%，而运动在半天以下的青少年发生近视的比例为49%。

另外，青少年每天完成作业时间越长发生近视的比例越高。半小时以内完成作业的青少年发生近视的比例为37%，半小时至一小时内完成作业的青少年发生近视的比例为41%，一小时至两小时完成作业的青少年发生近视的比例为52%，两小时以上完成作业的青少年发生近视的比例高达61%。

对于这样一组数字，北京同仁医院的眼科中心专家给出了他们的解读："以前的孩子在学龄前都是到处跑着玩，现在的孩子两三岁就开始上早教。而且，现在4—6岁的孩子的阅读量是以前同龄孩子的几十倍！可以说，现在的青少年近视眼发生率每年递增，其速度至少在10%以上，并且发病的年龄段越来越低！"

是的，现在的孩子们的眼睛实在是太累了。

他们需要读书，读很多的书。现在的课业负担很重，孩子们常常需要大量的时间完成复习和预习两项学习任务。此外，

◎ 图为2014年第四届北京国际自行车骑游大会现场。

还有大量的补习班在等待他们。因此,孩子们的用眼量实际上已经是过去的很多倍。

他们还喜欢看电视,常常盯着各种动画片和连续剧沉迷其中,难以割舍。孩子们一看电视就是几个小时的情况时常发生。

他们喜欢玩游戏。现在有太多的青少年整日整夜沉迷于"魔兽""传奇""CS"之类的电子游戏和网络中不能自拔。

"以前中学生的玩主要是以'动'为主,比如打篮球、踢足球、滑冰等,这些都有益于身体健康。但现在中学生的玩却大多以'静'为主,上网聊天、玩游戏、听音乐和看电视,他们一坐就是好几个小时,这样对身体极为不利。"全国人大代表、杭州高级中学校长缪水娟说。

他们更喜欢玩电脑和手机。随着智能手机和平板电脑的普及，现在很多家长甚至鼓励孩子在平板电脑和智能手机上学习。但事实上，这样对孩子眼睛的伤害更大。因为人的眼睛会自动调节聚焦，看远方的事物，眼睛的肌肉是放松的；看近处的东西，眼睛的肌肉则是紧张的。手机、平板电脑等拿在手上的电器距离眼睛很近，孩子们看久了，眼睛很容易疲劳。所以，数据显示，手机和电脑对青少年眼睛的伤害实际上是电视的12倍！

最后，你有没有让孩子们出去跑步？

健康从来都不仅仅是吃出来的，如果没有足够的运动，身体不可能真正健康。但是，我们的孩子真的是锻炼太少了！

2012年的《中国学龄儿童少年营养与健康状况调查报告》可谓触目惊心。

调查显示，目前青少年慢性疾病低龄化日渐突出，成年期慢性非传染性疾病低龄化，正逐渐成为威胁城市儿童少年健康的突出问题。统计显示：15—17岁的少年高血压患病率为7%，农村学生高于城市学生，男生高于女生。据此估计，我国学龄儿童少年的高血压患病人数约为1790万人。据估计，目前的学龄儿童少年中，70万人空腹血糖不在正常范围，糖尿病患病人数约为59万人。估计563万学龄儿童少年血脂异常。另外在代谢综合征上，结果更是令人震惊。代谢综合征包括高血压、肥胖、高胰岛素血症、糖耐量异常、血脂异常等一系列代谢异常的疾病。19.8%的学龄儿童少年至少有两项指标异常，

64.1%的学龄儿童少年至少有一项指标异常。

这么小就有这么多的病？这样的调查结果简直让人不敢相信。

2012年的《中国学龄儿童少年营养与健康状况调查报告》以同样的人群做了另外一个调查，那就是青少年是否参加体育锻炼。而这份调查的结果显示：目前学龄儿童少年参加锻炼的比例为33.9%，但经常锻炼的比例仅为5.4%。其中，城市高于农村，经常锻炼的比例是农村的两倍多。而从性别来看，男生高于女生。无论城乡，少年组男生经常锻炼的比例均高于儿童组男生，但少年组女生却低于儿童组女生。此外，调查显示，孩子们在闲暇时间久坐少动者占94.1%。

是的，缺乏锻炼、不喜欢运动，这些习惯让孩子们渐渐变得弱不禁风，再加上不健康的饮食习惯，最终，疾病找上了我们的孩子。

小峰和小冉从小就是好朋友。他们一起长大，后来因为搬家而不得不分开。两年之后，他们再相约玩耍，小峰明显比小冉长高了，而且视力也很好。小冉的妈妈对此感到非常奇怪，赶紧向小峰的妈妈打听原因。原来，小峰的新家附近就是一个大公园，小峰经常和小朋友们一起到公园里跑步、打篮球。"小峰回家以后不会用太长的时间玩电脑和看电视，我们也经常鼓励他多去公园做户外运动，结果孩子的个子长得特别快，也没近视。"小峰的妈妈自豪地说。

动与不动，差别就是这么大。

现在的青少年确实正在变得越来越懒惰。首先，随着生活条件的改善和生活方式的变化，他们的生活已经明显地发生了由"动"到"静"的转变。瞧，上楼乘电梯、以车代步等等就是典型的表现。而不参与家务劳动、体力活动减少，这些"静态化"生活也使许多青少年的日常运动量较从前大为减少。其次是更为关键的因素：家长并不鼓励孩子们去做更多的户外运动。一方面，他们自己可能就不太喜欢户外运动，更愿意和孩子待在家里，一人捧着一个平板电脑玩；另一方面，他们也担心体育锻炼会侵占孩子们更多的读书时间，让他们分心，无法好好学习。当然，有的家长还担心孩子会因锻炼而受伤，所以不鼓励孩子去进行体育活动。

但是，他们却不知道，恰恰是这样的心理和做法，最终让自己的宝贝孩子成了病娃娃。

结语：难解的课题，不能再继续了

"提高青少年体质水平是全民健身的核心问题。" 全国政协教科文卫体委员会副主任蒋效愚这样表达了他对当今青少年体质问题的深深担忧，"体育锻炼和学习不是对立的，有了强壮的身体才能保证学习的效果。"

是的，从家庭原因到社会原因，从学校的问题到孩子自己，中国青少年体质的下降，原因是多方面的。可以说，青少年的身体素质问题已经成为一个全社会的大课题。

如何去解这道社会的大课题，这个问题发人深省，引人深思。当孩子自己不喜欢运动，家长不赞成孩子运动，学校不支持孩子运动，而社会也不允许孩子运动时，这一连串的"不"字背后所隐含的问题的确是沉重的。

但是，问题再沉重，我们也必须去努力寻求答案。因为"少年强则国强"，增强青少年体质既是百年大计，也是当务之急，刻不容缓。回望历史，被称为"东亚病夫"的耻辱依然刻骨铭心，那么面向未来,我们怎能不多一些忧患意识,多一些长远谋划,让我们的民族以健康的姿态茁壮地走向明天呢?

第三章

青少年身体素质强壮之对策呈递

当这样一个社会课题摆在大家面前时，每个人的感受都是深切的。那么，如何去做才能让我们的孩子慢慢强大起来呢？

对于这样的问题，很多人都已经开始深思。最简单可行的方法到底是什么？很多专家都从各自的领域给出了自己的答案。

教育学家认为这需要改变现有的教育体系，让孩子从课业中解脱出来；社会学家认为这需要改变社会的固有认知，不再以"万般皆下品，唯有读书高"为唯一的成功标准。两者的答案当然都有各自的道理，而且都切中了要害。但是，两者同样的问题都在于：要想取得成效，绝对不可能立竿见影。两者都需要长时间的坚持，同时要有足够强大的社会和政策方面的支持才可能实现。

那么，怎么才能让改变来得更加迅速呢？对此，无论是教育学家还是社会学家，都有一个共同的答案，那就是体育教育应当充当先锋，一定要让孩子多到户外去，多参加一些体育锻炼，多参加一些群体性的活动。这样，才可以迅速地让孩子在身体和心理上得到双重的锻炼。

从身体到心态，体育教育带来惊喜

体育锻炼对于一个人来说意味着什么？体育锻炼到底会让一个人受到怎样的益处？这个问题的答案其实很简单，那就是体育锻炼会给每个人带来想不到的好处。

◎ 图为2014年北京晚报"百队杯"足球比赛现场。

从身体方面来说，体育会让你的身体变得更结实、更健康。

体育锻炼可以预防心血管疾病，可以改善呼吸系统、消化系统、神经系统的功能，可以预防骨裂，可以保持身体的活力，可以控制体重和改变体形。总之，只要你走出了家门，走出了课堂，到户外去好好活动一番，那么身体一定可以得到积极的改变。

从心态方面来说，体育锻炼同样有着意想不到的功效。

就体育教育来说，最大的功效在于它可以培养学生们成熟的心态。比如，当对方侵人犯规时，是不要计较，还是"以牙还牙"？当集体配合不够默契出现失误而导致比赛失利时，是相互鼓励，还是相互抱怨？对裁判员误判时，是大方宽容，还是斤斤计较？比赛胜利时，是骄横自大，还是认真总结经验，戒骄戒躁？面对这些问题，孩子们会在不知不觉中学到在书本上学不到的人生道理。

同时，体育教育还可以培养孩子们的心理品质。体育运动可以陶冶人的情操，培养青少年勇敢、果断、坚毅的品质，提升他们的自信心、自制力、进取心。紧张而激烈的体育竞赛对人的心理品质既是严峻的考验，也是助其修炼的良好时机。

此外，体育教育还有智能教育的功能。通过体育教学和身体锻炼，学生可以学习和掌握一定的体育知识、技能和技术，同时使自己的思维能力、记忆力、观察力、想象力等得到更好的发展。

从"千队杯"到"百队杯", 体育教育留下启示

体育教育的好处是显而易见的,但是它为什么却一直处于一种不被重视的境遇?体育教育在推广中遭遇了怎样的困境?

对此,笔者有着非常深刻的感触,而这种感触正是从北京晚报已经坚持了30年的"百队杯"中小学生足球比赛中得到的。

熟悉北京晚报的人一定知道,北京有个"百队杯",而"百队杯"的前面还有一个定语,那就是北京晚报"百队杯"。是的,从1984年开始,北京晚报就一直伴随着"百队杯",看着它从小到大不断地克服困难,积极前行。

1984年暑期,北京晚报和北京市体委、北京少年宫共同创办了"百队杯"足球赛事。此赛事为孩子们在暑期提供了寓教于乐的足球活动。比赛采取自由组队的方式,孩子们以学校、街道等单位自由组队。这样,孩子们在组队、训练和比赛中可以学会团队合作,并且能够锻炼身体、增长球技、提升自我、

◎ 图为中学生在踢足球。

丰富暑期生活，同时，北京地区的足球运动也得到了普及。

2013年，"百队杯"迎来了自己30岁的生日。在这一年的秋天，北京晚报特地组织了一场"小足球向何方"的论坛。为什么举办此论坛？因为"百队杯"正如中国体育的大环境一样，遭遇到了前所未有的困难。从曾经2062支球队报名到如今每年勉强维持100支球队来踢球，从开始被大家广泛关注到现在被众多的学习班所"埋没"，"百队杯"的"没落"折射的其实正是现今青少年体育所面临的大问题。

如何去改进？参加论坛的很多人都没能给出答案。他们提出了各种建议，但是同时，也感到了深深的无力感。因为这确实是一道社会难题，当全中国的家长都忙着让孩子在书本中奋斗，学校都被升学的紧箍咒压制，孩子都紧张地学习数学和英语时，谁还在真正关心身体素质这个问题？

国家体育总局足球运动管理中心党委书记魏吉祥、中国体育记者协会副主席邵世伟、北京理工大学足球队主教练金志扬、中央电视台体育节目中心副总监张兴、北京大学中国体育产业研究中心执行主任何文义、著名作家、学者麦天枢，他们都从自己的角度对"百队杯"30年的兴衰进行了解读，也从另一个侧面对中国青少年的体育状况进行了剖析。他们的专业见解或许可以给我们一些启示，一些关于30年中国青少年体育生活的启示。

魏吉祥：

　　"百队杯"已经坚持了30年的时间，坚持走学校和草根路线，我必须感谢为此付出努力和贡献的人们。要知道，从2009年开始，国家体育总局每年从体育彩票公益金中拿出4000万元用于开展校园足球运动，这算是中国校园足球真正开始了规模性的活动。而在此之前，"百队杯"已经坚持了那么多年。

　　校园足球具有非凡的意义。我从到足协工作开始，就一直在努力和教育部门沟通、和家长沟通，希望他们能够让孩子们在学习之余走到体育场上去。踢球可以提高青少年的健康水平，让他们更具有团队精神。可以说，足球和体育是青少年成长中不可缺少的一课。

　　我认为我们应有一种终身体育的概念，这种概念指的就是如果你小的时候喜欢上了一项体育运动，那么这项体育运动最好能成为你终身的爱好。拿我自己举例子。我年轻的时候踢过球，工作以后就基本没有踢过了。但是，到足协工作之后，我又爱上了足球。现在不管去哪里参加活动，只要有球踢，我都会上去踢两下，然后心情就特别好。这就是终身体育，它会让你一直都享受体育带来的乐趣，并因此让身体越来越强壮。

我们的校园足球不要功利化，不要以培养球星为目的，应通过足球的体育功能让孩子们得到全面发展。而这也正是"百队杯"难能可贵的地方。

中国足球的成绩一直徘徊不前，我当然心情沉重。可是对于现在这种情况，我们应该有一个清醒的认识。中国足球为什么成绩上不去？除了很多自身的原因，我认为还有一个重要的原因就是中国社会的现状。为什么日本和韩国的足球水平比我

◎ 图为2014年北京晚报"百队杯"足球比赛现场。

们要高？这是一个基础性问题。虽然我们国家现在的GDP已经排名世界第二，但是人均GDP却排名在80名开外。这就造成了一个现实，我们因为爱好去踢球的人要比日韩少得多。没有了基础，少了爱好，自然就会出问题。但是，不管怎样，我觉得事情总是向着好的方向发展的。前一段时间，我去深圳出差，到了南岭村，见到了已经杀入五人制足球赛亚冠八强的铁狼队。他们为什么能够创造这样的奇迹？就是因为他们村子里有踢球的传统。一个足球场，每天都有人去踢球。踢着踢着，就踢出名堂了，大家的热情就高了，然后就有了外援。这样，就形成了良性循环，便有了今天的成绩。所以，我相信，只要大家一起努力，中国足球迟早会进入自己的良性循环期。

邵世伟：

我觉得坚持是一件非常困难的事情。在没有固定投资的前提下，能够一坚持就是30年，实在太不容易了。

"百队杯"就像很多青少年基础体育一样，伴随着中国体育的腾飞而起步，却最终也受制于此。1984年正好是中国重返奥运大家庭的时候，那一年，中国参加了洛杉矶奥运会。从此，中国竞技体育的水平便不断提高，金牌也越得越多。那一年，"百队杯"诞生，然后一度非常红火。不过，后来大家开始关注起精英培养模式，注重出成绩，青少年这一块就被严重地忽略了。所以，也才有了后来"百队杯"日子不好过的情况发生。

这实际上已经成为中国现在青少年体育的一个重要课题。

如何让青少年体育蓬勃发展，这的确值得大家深思。

在我看来，改进的方法有两点：第一，要进一步去整合资源，一件事情要做好，在如今的社会大环境下，肯定不能只靠几个人，一个部门的力量，而必须去整合资源，整合力量。"百队杯"是以青少年为主要参与者的活动，这里面其实潜藏着很多可利用的资源。有孩子，就有家庭，所以"百队杯"也就肯定不仅仅是比赛，还会有延伸的东西在里面，如何将这些方方面面的东西都联系起来，是个大课题。第二，青少年活动需要更多的交流。我们可以走出去，也可以请进来。北京有很多的友好交流城市，这里面一定会有很多的资源可以利用。现在青少年的旅游活动非常火红，而且校际交流的活动也很多。如果能够把这个资源利用起来，那么一定可以对"百队杯"的发展起到很好的帮助。

金志扬：

去年，我从理工大学退休，在大学工作了十年，深有感悟。孔子提倡六艺：礼、乐、射、御、书、数，六项中的一半是体育。北京大学校长蔡元培曾提出："体育培养人格。"毛泽东1918年在《体育之研究》中指出："文明其精神，野蛮其体魄。"从先哲到领袖，都指出了体育于教育的重大意义。可见，从这个角度上来说，要感谢北京晚报坚持了30年的"百队杯"，北京晚报着实做了一件大事。探究"百队杯"对于中国足球的意义，就在于它推广普及了足球运动，造福后代。

体育回归教育，是中国足球的方向。这是我在理工大学工作十年的思考。中国足球应该借鉴日韩足球的发展道路。前日本队主教练特鲁西埃曾对我说："我确实为日本足球作了重要的贡献，但日本足球的崛起是依靠自身的发展。日本足球的发展理念是推广普及足球运动，而不是像中国足球这样以培养足球精英为目标。"从这一点上来看，"百队杯"30年前就在普及推广足球了，是有着超前意识的。中国足球推广能靠中国足协吗？决定孩子们踢球不踢球的是校长，足协指挥不了校长，校长只听教育部门的。中国足协要想发展青少年，就要发展校园足球。这个就需要校长做主了。足协起到的是指导和组织的工作，指导教练员、老师提高水平，组织各个学校之间进行比赛。在中国，不仅科技是生产力，政策同样是生产力。打个比方，高考给足球特长生加200分，你看看三年后中国有多少孩子踢球！再比方，"百队杯"初中组冠亚军成员，可以在北京市随便挑四中、二中等学校上，你看看会有多少家长送孩子来踢球！

不久前，在奥体中心落幕的全国校园足球冠军赛上，新疆的小球队再次夺冠，他们已经连续两年夺冠了。这应该让北京、上海等大城市的父母们感到汗颜。新疆家庭一般都有好几个孩子，孩子们怎么快乐怎么玩，他们不会阻止孩子们踢球。内陆大城市的家庭一般是"6+1"模式，一家六口围着一个孩子转，哪里还会让孩子踢球？另一方面，我们搞职业四级训练网，把国外四级训练网的经给读歪了。国外从U12到U18的四个年龄段训练是指全国所有孩子，而中国是职业俱乐部搞四支梯队。其结果是种了一棵树，毁了一片林。职业俱乐部搞足球，学校的业余俱乐部就没得玩，谁能跟这些不上学的人比赛踢足球？职业俱乐部的孩子们进入一队，只有10%的成才率，剩下的90%没文化，只会踢球，他们带给社会的是什么？看到这样的"中国足球"，哪位家长还敢让孩子踢球？

"百队杯"的意义在于它的超前意识。"百队杯"是在推广足球，是为了给孩子们带来欢乐。这恰恰符合了足球运动的精神，体现了体育和教育的本质。北京理工大学队的北京籍球员全踢过"百队杯"。北京国安队早先的北京球员，也都踢过"百队杯"。

我提出"小足球踢向何方"，就是踢向健康、踢向快乐、踢进足球。体育要回归教育，教育要回归文化。

张兴：

小足球踢向何方，这是一个尖锐的问题。30年前，北京晚报创立"百队杯"小足球赛，这是媒体对整个国家体育发展的关注。30年后，我们只能说，部分目的达到了。所以，我们所有的媒体人还应该继续回答这个问题，小足球踢向何方？

中央台曾和北京台联合就校园足球发展的现状做过一个节目，结果发现小学、初中的校园足球运动开展得轰轰烈烈，但到了高中，足球运动一下子就"掉"下去了！到了大学，更成问题。

在扭转这种落差的过程中，媒体应该扮演什么角色？媒体应该监督社会，从而对未来社会的发展产生一定的影响力。从这一点来说，北京晚报做的这件事情是我们所有媒体都应该去做的事情，只不过每一个媒体抓的问题，表达的方式可能各有不同。

当足球回到竞技体育的层面，中国的足球能不能在世界足球的舞台中有自己的位置？回到学校，能不能说我们培养的年轻人是懂文化、身体强壮、能为社会主义建设作出贡献的人？回到职业联赛，能不能说我们培养的孩子从小就喜欢足球，可以成为职业联赛的成员？如果媒体能够在这些问题上表达更多的观点，对校园足球、小足球、职业足球乃至国家队都起到监督的作用，相信过五年或十年再来回答这些问题，我们应该能够看到更美好的前景。

何文义：

在我看来，足球现在面临很多不同性质的问题，教育问题首当其冲。当今有些青少年价值观混乱，这其中有一部分原因可以归之为体育教育不够。体育应当是教育的核心部分，孔子在教育时归根结底运用的是体育，外国教育也是以宗教和体育为主。体育传承的是公平正义，而现如今很多社会问题的本质就是公平正义出了问题。体育要在学校开展起来，社会价值就得到了传递。规则教育可以用体育来进行引导和实践。教育部门不应把形式方面的东西看得太重，核心价值观的教育很关键,不重视体育是严重失误。比如在体育赛场上,一个运动员夺得一次冠军可能之前会失败99次,这就是挫折教育。同时,这名运动员的个人价值也因此得到了体现,包括自律、诚信、合作精神等,这些都是孩子们从课本中难以学到,也体会不到的。

足球要想通过青少年来发展,就必须符合教育规律。孔子说过教育要因材施教,体育的极致就是天才的运动,要选出资质最出色的运动员去培养,而选才问题最好的方法就是普及。普及之后足球人口也就会随之扩大,天才也就容易被发现。除了教育问题,足球的发展也有产业问题。既然是产业,就要有客户和营销群体。发展青少年足球,会受到家长、学校、学生本身三方面制约。很多家长和学校领导担心踢球会影响孩子的学习成绩,但如果让足球享有和奥数同样的政策上的待遇,相信很多家长都会同意孩子踢球的。

对于"百队杯",希望它可以符合产业规律,然后进行拓展。对于"百队杯"上好的足球苗子希望可以有好的下家或足球运营团队接收,给他们一个更好的平台展示自己,让孩子看到希望。久而久之,"百队杯"也会塑造出自己的"偶像"。

麦天枢:

我是一位足球的门外汉,但是,或许距离也可能使我产生一种旁观者的心态,可以让我从另外一个角度剖析问题。

之前关于足球和"百队杯",我聆听到了许多的词汇:实际的、功利的、高尚的、世俗的、议论的、策略的、未来的、现实的……我都听到了。但坦诚地说，我不认为有哪一个方式一定能解决中国足球所面临的问题。我有些悲观，我不敢相信，中国的青少年足球能在若干年后有多大的进展。

"百队杯"足球赛，一个与功利距离遥远的事物，在我看来本身已经超出了体育的范畴，已经上升到了文化的高度。对于这样的事物在这样的环境中能生存30年，我十分震惊。来到论坛现场，我才看到"小足球踢向何方"这个题目，它本身就包含了一种向往，包含了一种浓浓的苍凉感，当然也让我看到了一种不甘心。一个有利于少年、青年，因此就一定有利于国家、民族未来的事情，在它的首都，在这个因为权力而资源特别丰厚的地方，近30年来竟然积累出如此的迷茫和苍凉，这难道就符合我们的社会条件吗？

在我看来，所有有未来感的事情，都不是理性和观念所决定的，都是现实和功利所决定的。是制度性的利害规定了今天和若干时候我们怎么做，而不是观念的对错指导了我们若干年怎么做。中国社会所谓的改革开放走到今天，一切没有解决的问题和还未解决的问题，都不再是这个问题所在的行业单纯的问题，它都是系统问题中的一个环节。

足球绝非娱乐和竞技项目，某种程度上它是西方工业发展的一种生活方式和象征。所有的工业生产与科学创造，对人的理解，对生命的理解，对心理、情绪、美德的理解都在里面包含，所有人类创造的观念、价值、认识、制度，都维护了所谓的足球体育产业，没有哪一样创造更趋于无关。以足球为代表的体育，参与程度，复杂程度，意识积累，人类今天也以这种方式记录着体现创造，体现快乐，共同参与的广泛运动，这是一种生活方式，是科学发展到一定程度，知识水平提升到一定程度的体现。足球绝非输赢，被人欣赏的绿茵场，那都是身体与灵魂的诗歌、话剧与交响曲，它是生命谱写的力量、协调与壮美。但在这个创造性的领域里，我们总无法做好，究其原因，有时候总认为是我们技术差，因此不断去换教练；有时被认为是缺少人才，因此我们到处去选拔尖子。

　　大家还都谈到了兴趣问题，但"兴趣"两个字我认为也是无解的。去年我曾参与中央电视台一个有关全球互联网的项目制作，当时他们要听我的意见。因为我对互联网了解甚少，因此我希望他们准备一份互联网大事记。看后我感到一丝悲凉，因为在如今影响整个人类的互联网技术中，我发现每个环节上都没有中国人。创造力的丧失与中国足球十分相似。因此我建议互联网精英们能更多去关注兴趣，因为很多外国人创造互联网、E-mail等时，是玩出来的，是兴趣所致。什么是兴趣？个人兴趣在其中，创造力就会随之而来。我今天听到张衡主任在视频中说，"百队杯"参与人数最多时曾达到2000多名孩子，我很是震惊。在北京这样的城市里我能想到这是怎样庞大的工作量！如果做一个城市统计，我相信会用事实告诫决策人，北京的人口总量、财富总量与它人均拥有的绿茵水平相比，一定是大城市里最低的。丧失对未来的兴趣，是一个制度不合理的基本问题，兴趣是需要养育的，不能作为日常生活伴随孩子的活动，终究不能成为持续的兴趣。孩子的兴趣需要养育，需要常态化。如今缺少绿茵场，越发达的城市，地皮越值钱，孩子的未来和地产开发商怎么能争高低呢，一定是失败的。对于孩子的兴趣，足球活动更多是提供了文化反省的问题。足球除了养育兴趣，孩子自主和独立才能维护兴趣，兴趣来源于内心与个人娱乐，但中国孩子从出生开始就不独立，过分的溺爱是另外一种温柔的囚笼。中国人所拥有的意识，某种程度上是一种上一代人对下一代人的过分关注和维护，这让孩子在温暖的摇篮中丧失了独立性。

那么，如果说要养育兴趣，独立性不仅仅是在家庭里就丧失了，而在很多地方都被禁锢。心灵上、现实中的等级分明与跪拜秩序清晰可见。在贫富、权力与年龄面前，这种文化需要反省，如果中华民族没有勇气反省，那么精神上的现代化是非常难以期待的。没有精神上的独立、自由，就谈不上个人兴趣。这样一个勤劳的，智商、智力从不被人怀疑的庞大民族，在全球创造性比较过程中，永远是弱者。不幸就是我们来到了一个以创造性为主题的人类时代，而足球是一个创造性运动，是基于个人自由和天性的，是综合人类今天所有智慧、技术和心理环境的创造性运动。

在如此确定的看不到改变的制度和心理环境之下，我对中国的足球并不抱希望，但我对你们所做的"百队杯"活动，表示敬意。在山重水复之间向往的，就是美好的。

从今天到明天，体育教育已经启航

青少年体质下降确实已经成为当今国家、政府和社会共同关心的话题。所以，改变已经开始。

2012年，教育部组织全国推进学校体育工作电视电话会议及"体质不强，何谈栋梁"座谈会。之后，国务院办公厅专门转发教育部、发改委、财政部和国家体育总局联合下发的《关于进一步加强学校体育工作的若干意见（国办发〔2012〕53号）》的通知。可见，从国家层面，增强我国青少年的体质状况和健康水平已经成为一种强烈的社会需求。

对此，笔者专门前往中国人民大学进行了一次调查。对于体育教育的作用，中国人民大学体育部副主任李树旺这样说："体育运动、卫生保障、营养条件等都是影响青少年体质的必要条件。经过我国30多年的改革开放，市民的生活水平已经有了长足的提高，对于大多数青少年而言，营养和卫生已经不是影响体质发展的重要因素。当人们的生活和工作，不再像以

◎ 图为北京市民进行全民健身运动。

前那样需要付出大量的体力的状况下,体育的作用被凸显,对于正处于身体成长黄金阶段的青少年群体而言,体育成为他们增强体魄的一条重要途径。"

李树旺同时提供了一份体育学界的相关研究。这份研究表明,中学是青少年身体发育的重要时段,也是养成体育习惯、培养体育兴趣、学习体育技能的黄金时期。但是在我国现有的应试教育的大背景下,中学生进行体育运动的时间和拥有的各类资源都在不同程度上受到一定的影响。这是体制因素对青少年体质的一个重要影响。因此,研究中小学体育状况和学生的体质水平,把握好增强青少年体质发展的关键节点,是体育学界和体育一线工作者应该重点考虑的课题。其次,要加强对青少年体质状况的研究工作，通过深入细致的调研，搞清楚青少年体质存在问题的根源以及各项指标，有针对性地对体育工作进行改革，以达到事半功倍的效果，提高体育锻炼对于增强体质的影响。

在种种研究都表明体育教育的重要性的前提下，中国人民大学也在做着一些切切实实的改变。比如，2012年，他们对在校的万余名大学生进行了体质测试，发现在反映大学生体质水平的六项指标中，上肢力量和爆发力这两项指标从历时性比较和横向比较两个维度来看都有下降。因此，在新学期的教改设计中，他们计划针对性地对于这两项指标有所偏重，在学生体育课的分数结构中有所侧重，希望通过这些举措来改善学生的体质问题。

李树旺最后也指出，通过体育运动增强学生体质是一项科学性较强的工作，需要安全、卫生、医疗等各方面的保障。所以，在学校体育教学的过程中，应该加强这方面的工作。近年来，体育运动中的猝死现象和其他伤害事件不断发生，这在一定程度上增强了校方、体育管理部门和体育工作者对运动安全的担忧和顾虑。因此，如何保障体育运动的安全和卫生，特别是在一些运动量较大、运动强度较强的项目中落实安全保障，是政府、社会和关心青少年体质的各方都应该认真考虑的重要议题。

第四章

青少年身体素质强壮之冠军指路

曾经的童年是怎样的？

20年前，童年意味着参与各种各样的体育活动，打篮球、游泳、踢足球、爬山，哪怕是捕蝉、捞鱼、放风筝，也多少可以跟体育活动沾边儿。

而如今呢？孩子们要么是成天捧着书本"啃"，伏在案上"写"，要么是端坐在电视或电脑前一动不动，再者就是捧着游戏机和Ipad舍不得放下。

哪个童年更快乐？哪个童年更健康？哪个童年更让人向往？答案不言而喻。

其实，有的时候，一道很难的课题可以换一种方式去解决。当我们无法改变社会，无法改变学校，无法改变固有的传统思想时，我们是否可以简单地想一想，曾经健康的我们是怎么度过自己的童年的？

所以，让孩子们变得更加强壮、更有责任心，其实也有更为简单可行的方法。那就是从自己做起，给孩子每天空出一定的时间，让他们去户外好好地锻炼去吧！

对此，作为常年在体育领域采访的记者来说，笔者深有感触：在和大量的体育工作者接触之后，笔者深切感受到了体育锻炼对于塑造一个人的身体和心理具有多么大的作用。

每个体育项目都可以带给人们不同的收获，让人们学到不同的技巧，感受到合作或者对抗的乐趣。

所以，让孩子们的身体强壮起来、心理强大起来，并不是无计可施。我们要做的可能就是让孩子们从一个简单的体育项目开始，让他们找到在户外活动的乐趣。是的，给他们一点儿时间、一点儿机会，一切或许都会不同。

当然，孩子毕竟是孩子，让他们跟着大人的节奏去锻炼，是肯定不行的。因此，我们特地采访了多位奥运会冠军和全运会冠军，让这些真正的专家们为孩子们开出一份属于他们自己的运动处方。

我们希望这份小小的礼物能够切实帮助每位家长、每个孩子摆脱目前面临的问题，让家长们不再为孩子们的健康忧虑，让孩子们茁壮地成长。

我是少年

集体项目 享乐趣

打篮球 长高个

对于现在的孩子来说,篮球似乎已经成为他们最为熟悉的项目之一。NBA和CBA,比赛看得多,对篮球明星更是如数家珍。而篮球项目对于场地的要求也并不高,因此还真是一个大众的体育项目。所以,从篮球入手,绝对值得推荐。

那么,就让宋晓波来给大家支支招吧。

宋晓波(特别介绍)

宋晓波绝对是中国篮坛的风云人物。爽朗的性格,更是让她在和孩子们打交道时游刃有余。

1974年,宋晓波进入中国篮坛劲旅北京队,也就是从那一年起,北京的女子篮球运动迎来了最辉煌的时期。这段经历足以让人想到现在的北京男女篮:1975年至1979年,身为队长的宋晓波率领队友两夺全运会冠军；1977年、1979年和1981年，她和她的北京队三次登上全国女篮甲级联赛冠军的宝座。此后，宋晓波作为中国国家女子篮球队的队长，率领球队一次次刷新历史纪录。1983年，宋晓波率领中国女篮在第九届世界女篮锦标赛上取得了第三名的历史最好成绩。她本人荣获"最佳得分手"称号，并入选"世界最佳阵容"，为中国女子篮球运动员中获此殊荣第一人。1984年洛杉矶奥运会，宋晓波代表中国体育代表团升起了第一面五星红旗，并带领球队夺得了本届奥运会女篮比赛的铜牌。在国家队期间，宋晓波还曾参加过六届亚洲女篮锦标赛和三届亚运会，夺得六次冠军。

1985年至1988年，她出任中国女篮教练员；1988年至1996年，应邀赴澳大利亚、中国台湾地区执教；1996年，回国创办北京宋晓波体育文化传播有限公司、宋晓波篮球学校和宋晓波篮球俱乐部，并以出色的篮球技艺、顽强拼搏和果敢智慧的风格著称。

👍 打篮球的益处：

1.培养团队精神

篮球是一个需要合作的项目，需要大家相互的配合。现在的青少年大部分都是独生子女，是娇生惯养的"小皇帝"，不太懂得和别人合作。所以，一定要让他们多参加一些需要团体合作的项目。而打篮球需要的人不多，可以更容易地让孩子们学会和人相处、结交朋友。

◎ 图为2012年,"姚基金希望小学篮球季"期间,姚明与孩子们玩得不亦乐乎。

2.增加自信心

现在,很多青少年自信心不足。常常是别人说自己不行,他们就觉得自己真的不行,但事实上并非如此。其实,只要大人们多鼓励孩子们参与一些活动,给孩子们机会,他们是可以证明自己的。而篮球运动正是这样一个项目,它可以让孩子们变得顽强坚韧,从而树立自信心。

3.培养责任心

现在,青少年的责任心普遍较差,常常对什么事都无所谓。而篮球运动是一个需要在关键时刻勇敢地站出来承担责任的项目。所以,打篮球可以增强青少年的责任心。

4.提高协调性

篮球运动对于大、小脑的锻炼都有好处，而且，它还是兼顾了力量和技巧的项目，同时也可以提高青少年的协调性。

5.帮助孩子增长身高

这一点就不必多说了。篮球运动离不开跑跳，而这样的运动对于孩子们的身高增长是大有益处的。

专家支招：

对于青少年来说，打篮球可以一个人完成，也可以多人合作完成。而对于不同的人数，特提供下面两个处方。

一、一个人练习篮球（30分钟到40分钟为佳）

1.热身

这是非常必要的部分，首先做一些准备活动，然后跑上三到四个小圈，接着做一些拉伸韧带、大腿、小腿、颈部、跟腱等多个关节的动作，以防受伤。

2.运球练习

首先做一些原地的运球动作，例如交叉手运球等，然后将之变成行进间运球，接着变成三步上篮，运球投球。

3.投球练习

投球练习先从篮筐下开始，可以以五个为一组，投两组之后，将距离拉长到一米、然后二米、最后是三米，并在不同的位置进行各两组的投球。做这一部分练习时要特别注意，如果

◎ 图为2012年姚明与"姚基金希望小学"学生合影。

孩子在12岁以下，千万不要让孩子在三米远的地方练习投球。因为如果力量不够，会导致动作变形，从而形成不规范的动作，给孩子造成伤害。

二、多人练习篮球（一个小时为佳）

1.热身

和一个人练习篮球一样，热身是必不可少的部分。而因为人多，这部分练习可以增加相互合作的热身环节，但是时间一定要保持在10分钟以上。

2.相互练习传球

多人打篮球对于人数并没有要求。可以是两人、三人或者以上。人多了，就可以从练习传球开始。这部分的重点是相互的配合和节奏，时间应该控制在20分钟左右。

3.小范围的对抗

视人数多少决定对抗的范围。一般如果能够凑足六人，就可以打一个半场的三人对三人的对抗。而这部分练习，也并非不需要章法。练习者可以先从进攻开始，然后进行防守演练，整个过程控制在半个小时左右为佳。

总结：

不管是一人还是多人练习篮球，都应该首先注重基本功，也就是运球和投篮的练习。因为如果没有扎实的基本功，是不可能打好篮球的。当然在练习的过程中，应该适当增加脚步的训练，多做一些转身、停、跳、投的训练。此外，青少年练习篮球，不必拘泥于比赛，可以增加花式篮球的练习，以此来增加活动的趣味性。

❗打篮球注意事项：

1.必须热身。

2.不要运动犯规。篮球运动是个需要技巧的项目，一定要规范自己的动作。比如，不要在比赛中乱伸腿去绊同伴，在对方跳起来的时候不要有推人的动作等，这些虽然都是基本常识，但是因为青少年普遍容易冲动，因此一定要注意控制情绪、规范动作，以免给同伴造成不必要的伤害。

3.要注意保护自己的膝盖。现在的篮球场地大多不错，但是也依然有不少孩子是在水泥地上打球。这时就一定要减少跳起来扣篮这样的动作,因为跳得多了,膝盖容易受伤。同时,即使是在好的场地上打球,也同样要注意自己的动作,落地时尽量缓一些,不要一味地用膝关节使劲。

踢足球 练合作

有人说,每个人其实都有一颗渴望踢足球的心。对于这句话,在中国足坛有着举足轻重地位的金志扬绝对赞同。一说起足球,他可是滔滔不绝。从职业足球到校园足球,都是如数家珍。所以,想要在球场上多过几个人,少丢几个球,就好好听听金指导是怎么说的吧。

金志扬(特别介绍)

金志扬有着一段丰富的足球经历。从球员到教练再回归校园足球,每段经历都烙着浓浓的中国足球的味道。

当球员的时候,金志扬就很厉害,他在1973年和北京队的队友们一起拿过全国联赛的冠军。

从球员变成了教练,冠军还是照样拿。1995年,北京国安俱乐部喊出了"永远争第一"的口号,而在金指导"抢、快、活"的战术思想指导下,国安开始马不停蹄出成绩:1995年赛季夺得甲A联赛亚军;1996年11月3日,足协杯决赛,国安势不可当，4比1把山东队打得溃不成军，夺取冠军。

2002年，中国男足历史性打入世界杯，而就在2001年，金志扬以助理教练的身份，协助国家队主教练米卢，率领中国国家队在世界杯外围赛出线。

而就当大家以为金志扬要在职业足坛大展身手的时候，2003年8月，他突然出任北京理工大学足球队主帅，从此走入校园足球。当然，金指导依然犀利，他率领北京理工大学足球队代表中国出征在韩国进行的世界大学生运动会，在不被看好的情况下，力克乌拉圭队进入八强，取得了第七名的好成绩。

踢足球的益处：

1.在挫折教育中成长

足球运动是一个非常考验人心理素质的项目。因为足球的不确定性很强，有的时候，你明明占优势，结果还是输球；有的时候，因为一点心理问题，就可能出现大比分溃败的情况。在这种情况下，球员就需要有不服输的精神。事实上，现在的很多孩子缺乏的正是足够的承受能力，他们往往失败一次，就变得消沉起来。但是踢了足球之后，会让孩子们不那么惧怕失败，变得更加努力。在踢球过程中的努力和对胜利的渴求可以让青少年变得更加坚强，承受力更强。

2.让人变得勇敢

足球运动是一项对抗性很强的项目。踢球的时候不能怕冲撞,也要做好随时摔跤的准备。这就是足球的一部分,可以让青少年变得更加勇敢。现在的孩子很多都很娇气,往往摔一下,碰一下,就哭闹不止。所以,家长们应该让孩子们多参加一些像足球运动这样的对抗性比较强的项目,这样,他们才能变得更加勇敢。

3.懂得团结协作

足球运动是一个集体项目,可以让人学会如何与别人合作。在一个球队中,你要学会关心别人,这样,你也会被别

◎图为2014年6月,四川省华蓥市双河四中学生在踢足球,迎接世界杯的到来。

人关心。现在的很多青少年都是在大人呵护中长大的，他们不知道什么叫作关心别人。而在足球运动中，你要学会传球给别人，要学会帮别人补漏洞，要学会将进球的机会让给位置更好的人……这些都是孩子们在日常生活中学不到的东西。

4.让人变得阳光

现在，不少青少年都存在心理问题，他们因为各种问题变得心情抑郁。但是踢足球的人，一般不会有这样的问题。在球场上跑了90分钟之后，很多烦恼都随着汗水蒸发了。

专家支招：

现在，总的来说，踢足球的孩子并不少，而且，幼儿园已

◎ 图为2014年AKS上海国际足球邀请赛比赛现场。

经有了足球课,这是很好的事情。针对幼儿以及青少年,特提供以下两个踢球小处方。

一、幼儿足球(以游戏为主)

很多小孩子喜欢踢球。他们更多的是将踢球当作一种游戏,没有球场、攻防等具体的概念。他们只是分成两组,将球踢进对方球门而已。而针对这些孩子,最重要的就是让他们从踢球中得到乐趣,从而喜欢上足球运动。

具体来说,就是将足球运动变得更加游戏化,比如:

1.踢网足球:一手提着装有足球的网袋,一只脚支持地面,用另一只脚踢网中的足球,反复进行;

2.踢挂球:将网足球挂于一定的高度,支持脚踏在球的侧方约10到15厘米处,踢球腿向后摆起,膝弯曲,小腿前摆,以脚背正面或脚内外侧击球;

3.踢球比远:在地上画一条踢球线,向前八米处再画一条横线,然后每间隔两米画五个格,由近而远编上号码一到五,然后用手持球抛起,用力向前踢空中球,球踢出后落到几号区,即得几分;

4.踢标靶:在墙上画一个最小直径为30厘米的几层同心圆,在离墙三、四、五米的地上分别画踢球线,将定位球踢向标靶;

5.推球:一只脚支持地上,另一只脚踏在球上,触球脚边向前；

6.颠球：一只脚支持地上，另一只脚背绷直，然后用脚背连续颠球，不让球落地，看谁颠的球多；

7.绕小树运球：在场地上每隔两米放置若干棵玩具小树。孩子上体稍前倾，两臂自然摆动，运球绕过一棵棵玩具小树；

8.定点射门：距球门四米处，定点踢球射门，每踢进一球得一分，看谁的得分多

以上这些小游戏，最终目的就是让小孩子们喜欢上足球运动这个项目，从中得到乐趣。

二、青少年足球（以锻炼为主）

到了青少年阶段，踢球就会受到越来越多的限制。人数、场地都是问题。一般凑足11人打比赛基本不太可能，甚至是5人对5人的小型对抗赛也不太容易。另外，足球场非常少。现在，北京有70多处高尔夫球场，而足球场呢？却是寥寥无几，基本就是学校里的那些场地。金志扬曾经提出过质疑，为什么不能要求在建高尔夫球场的同时必须建两处足球场呢？的确，场地的不足是阻碍青少年足球运动发展的一大难题。在这种情况下，金志扬所开出的小处方针对的就只能是单纯地从锻炼的目的出发，而不是实打实的对抗了。

1.必要的热身

足球毕竟是一项对抗性很强的运动，所以在开始之前，一定要进行必要的热身。热身的节奏是先慢跑，然后快跑，最后

曲线跑。

2.技术性的练习

足球是一项需要技巧的运动，所以，如果可能，最好还是要加强基本功的训练，这样才能确保踢球水平的不断提高。至于具体的训练内容，首先是以带球为主，在带球中学习基本技术动作和带球方法；其次是传球、接球的方法；最后则是射门训练和接球后的射门训练。

3.战术性的训练

除了技术，足球运动还是一项需要战术和团队合作的项目。所以，如果可能的话，还是要尽可能地进行一下战术的训练。比如，练习二人一组的传接球和接球后快速推进、带球过人；练习基本的护球和盯人战术；练习"二过一"的战术等。

4.简单的对抗训练

这部分训练肯定会受到人数和场地的限制。根据人数，可以进行一对一、二对二的传接球比赛，三对三、五对五的有门踢球比赛，开展"五人制"训练比赛等。

总结：

足球运动本身是一个对身体和心理素质要求都很高的项目。另外，足球还是一项技术性很强的运动。要想踢好球，并不是很容易的事情。但是，另一方面，开展足球运动的门槛却一点儿也不高，只要有一个球，谁都可以立即开踢。针对这样的矛盾，我们应该很好地区分竞技足球和业余足球的不同。总之，让足球运动更多地成为游戏，让更多的孩子们喜欢上足球，这才是我们努力的方向。

⚠️ 踢足球注意事项：

1. 必须热身。

2. 不要忽略基本技术。如果只想练习实战技术，这是非常危险的，因为没有规范的基本动作，球员非常容易在场上受伤。

3. 要注意和队友之间的配合。球员不要一心只想着自己踢球、进球，要学会与他人合作。

打排球　坚意志

说到排球，似乎中国女排五连冠的情景就会重现。虽然这段历史已经久远，但是却记录着关于排球和坚持的精髓。现在，很多学校都已经开设了排球课，也有越来越多的孩子喜欢上了打排球。这对于一直从事基层排球训练工作的巴益霞来说，真是一件特别开心的事情。

巴益霞（特别介绍）

巴益霞，原河北女排队员，1995年毕业于北京体育大学运动训练专业，现在北京东城区体育局地坛体校排球教研组组长。工作18年，她所带队伍一直位居北京市三甲之列，她本人成为北京市业余排球界资历最深的在职教练。2002年，她率领石景山区乙组男、女排夺得北京市第十一届运动会冠军。她先后培养、输送了排球专业运动员40人，其他项目专业运动员25人，包括女排国家队的曾春蕾，男排国家队的王琛，男子手球国家队的刘振，北京女排的杨丹、张倩、李芳菲、宫伟等，北京男排的单庆涛、杨帆、刘一、韩啸等。她于27岁获得"优秀青年知识分子"称号，31岁晋升高级教练职称。有这样的高人给孩子们指导打排球，当然事半功倍了。

👍 打排球的益处：

排球是一项锻炼素质、塑造性格且危险性较低的优选运动。对于青少年来说，打排球可以提高健康协调的身体素质、培养坚韧不拔的意志品质、树立应对挑战的竞争意识、养成分工协作的团队精神，有利于青少年的社会化进程，是一个很好的教育介质。

1. 结交朋友，增强团队协作能力

经常举办排球比赛，既可锻炼身体，又可增进队员之间的友谊。排球比赛是集体项目，时间长了，选手能够学会"放下""忘掉"等人生智慧，变得幽默风趣，懂得包容、理解、鼓励……遇到困难，大家一起努力！排球还可以让人变得洒脱、自信。

2. 促进身体生长，改进心肺功能

排球属于有氧运动，不仅能够锻炼球员的爆发力、弹跳力，而且可以提高球员的耐力，有助于肌肉生长。打排球的基本动

◎ 图为小朋友们正在练习打排球。

作是下蹲、抬头，使人像豹子一样时刻准备着。而接球、跑动、扣球、防守等动作舒展有力，基本囊括了五禽戏里的动作，有利于脊椎的发育。中年人的脊椎容易变形，经常打排球可以自我修复脊椎，减轻对心脏和肺部肌肉的压迫，提高心肺功能。

3.改善体型及姿态，调节脾肾功能

排球运动的弹跳除了能锻炼腿部肌肉，还能很好地锻炼臀部肌肉。打排球需要不停地弹跳，这样可练就美臀，让"S"形身材更突出。经观察发现，排球运动员身材可以说是所有运动员中身材最好的，而平衡能力不好的人也可以通过打排球来改善自己的姿态。经常跑动和跳起，有助于脾的造血。打排球有张有弛，不是特别剧烈，这样既能锻炼身体，同时

又避免了运动过量，适量的有氧运动能够补充肾阳，让人保持活力。

4.保护肝脏，释放压力，调节情绪

排球运动虽然比篮球运动"软"些，但其中有一些动作也是特别"痛快"的：发球前，队员使劲地往地上砰砰地拍打排球，这就如同练铁砂掌，手掌拍击球时，手指和手掌的神经末梢将剧烈的刺激迅速传感到大脑，大脑立即兴奋起来，释放荷尔蒙，将脊椎和手臂、手腕的酸胀感释放出去。一般连续重击20次，人体中度的压力（头皮发紧状）就释放开了。瞧，这个简单的动作相当于500米自由泳或者篮球运动员在全场快速连续运球、上篮10个来回的效果。

5.降低血压，减少肥胖

在排球运动中经常有弹跳扣球的动作，这可以锻炼大腿、腰腹部的肌肉，让腿部没有赘肉，腰部更健美，手臂也会出现完美曲线。由于要经常起跳，所以球员就要注意控制食量，否则，可能会还没有跳起来就坠下去了！

6.改进肌肉力量，促进身体的灵活性和协调性

打排球动作中的接球动作，会时常拍打刺激到手臂中的三阳经与三阴经。在排球运动的过程当中,整个肢体动作，会进一步地协调人体从头到脚的肌肉。打排球能让神经系统更灵活，精神不集中、精神衰弱症状等亦可得到意想不到的缓解。打排

球不仅可以锻炼身体，而且能提高人的心理素质，在赛场上，心理素质好的人往往反应敏捷、动作灵活。

专家支招：

排球运动的基本技术分为六大项，包括：准备姿势和移动、传球、垫球、发球、扣球、拦网。对于初学者来说，应首先学习准备姿势和移动，熟练掌握各种移动步法；然后学习传球、垫球技术；再学习发球技术。学习了传、垫、发球技术后，就可以进行简单的比赛了。在此基础上学习扣球、拦网技术，便可组织简单的攻击和防守战术。

1.准备姿势和移动：准备姿势就是准备迎接各种来球的身体姿势。在排球比赛中，攻防的多数技术都是在准备姿势或快速移动后进行的，因此准备姿势和移动是完成各项基本技术的基础。移动的作用是为了接近球，保持最佳的人与球的位置关系，以保证击球动作的合理和有效。比赛中常用的移动步法有滑步、交叉步、跨步和跑步。

2.传球：这是在额前上方用双手（或单手）借助蹬地、伸臂动作，通过手腕、手指的弹击力量来完成的击球技术动作。传球的主要作用是把接起来的球传给前排队员，让其进攻。一个队的进攻能力能否充分发挥，在很大程度上取决于该队的传球水平。为了争夺网上优势，使进攻战术快速多变，二传手无疑在球队中起着核心作用。

3.垫球：这是在距腹前一臂距离处借助蹬地、抬臂动作，用双手前臂的前部，利用来球的反弹力将球击出的技术动作。垫球在比赛中多用于接发球、接扣球和接拦回球，是比赛中争取多得分、少失分，由被动变主动的重要技术。

4.发球：这是由队员自己抛球，用一只手将球从网上空两标志杆内击

◎ 图为小朋友们正在练习打排球。

入对方场区的技术动作。发球是比赛和进攻的开始，是排球技术中唯一不受别人制约的技术动作。攻击性强的发球不仅可以直接得分，还能破坏和削弱对方的进攻，打乱对方的部署，在心理上给对方造成威胁。

5.扣球：这是跳起在空中用一只手臂作弧形挥动，用手将本方场区上空的球，从两标志杆内的球网上空击入对方场区的技术动作。扣球在比赛中是进攻最积极和有效的武器，因此是得分、得权的主要手段。

6.拦网：队员在网前以腰部以上的身体任何部位（主要是

手臂、手掌）在球网上沿阻挡对方击球过网的技术动作。拦网是防守的第一道防线，是反攻的重要环节。拦网可将对方有力的扣杀拦起，减轻后排防守的压力，为本方组织反攻而创造条件。拦网能把对方的扣球直接拦回、拦死，在比赛中是得分、得权的重要手段之一。

初学者练习排球的大体方法：
1.反应速度的练习方法；
2.移动速度的练习方法；
3.起跳速度的练习方法；
4.挥臂速度的练习方法。

打排球的重点：

如何有效地提升青少年的排球训练水平呢？巴益霞认为，青少年在进行业余排球训练的时候需要把握三个重点：

1.在选材、试训、基础、巩固、提高五个阶段不断地激发和强化运动员的训练动机。

当今社会，青少年参加排球训练的动机，由单一化的职业出路转向多元化的特长爱好、性格塑造和品质培养等。怎样才能激发青少年参加业余排球训练的动机并一直保持呢？怎样才能说服家长同意孩子参加业余排球训练并一直支持呢？这两个问题一直是业余排球界教练员的一个困扰。我在总结自己及其他教练员成功实践经验的基础上，把激发和强化业余排球运动员训练动机的工作原则归纳为十二个字：分阶段、重主体、换角色、多方法。我将业余青少年的排球训练分为选材、试训、基础、巩固和提高五个阶段，每个阶段都有不同的工作重点，每个阶段都有不同的工作对象主体。教练员在每个阶段都扮演着不同的职场角色，采用不同的工作方法与技巧。

业余排球训练的五个阶段，可以用五个关键字来定位：一知、二乐、三严、四艰、五悦。每个阶段的训练过程都具有不同的特点，都会对运动员的训练动机产生影响。教练员的心中要有时位与个体的概念，要能够统筹谋划、从容应对，相应地采取"特殊人才法""避实就虚法""兴趣先导法""表扬激励法""观察考验法""晓理动情法"和"比赛训练法"等工作方法和技巧，这样，才可以不断地激发和强化业余排球运动员的训练动机，保证训练工作的高质量和高效率。

2. 以兴趣为先导，以提高为动机，注意差异，注重效率，提高训练的实效性。

在中国传统的业余排球训练中，由于体制的保障，一直以来都是执行着"长期打基础，多练基本功"的训练模式。运动员基本技术规范，动作定型，身体素质全面，能够完成高难度的技术，具有长远发展的潜力。而对于比赛训练法，则重视程度不够，设计与运用得不尽合理，所以导致运动员难以养成良好的比赛习惯，在比赛中运用技术和战术的能力差，并且逐渐磨灭了运动员对排球运动的兴趣。青少年参加排球训练的目的由职业出路转向特长爱好，训练的时间由长而固定转为短而机动。时过境迁，传统的训练模式和方法已经明显地与社会实际不相适应。而比赛训练法则具有独特的优势，应该在业余排球训练中发挥更大的作用。

  本人通过学习思考，大胆改革训练模式，以比赛训练法为主线，高效利用有限的训练时间，激发和保持运动员对排球训练的兴趣，提高运动员在比赛实战中的技战术运用能力，培养运动员逐渐形成良好的比赛习惯。为进一步合理运用比赛训练法，我认为应当提倡"分阶段设计运用，按需要调整比例，与传统训练方法互补使用"的指导思想，以探索出更加科学有效的训练模式。

  3.注意队伍风格的塑造，育人于先，授业于后，先做人后打球，培养品学兼优、特长突出的运动员，并在队里形成自然传承。

  由于种种原因，在青少年排球训练中，教练员往往对技术的教学和规范都很重视，而对队伍风格的塑造却容易忽视。排球运动是一个对心理素质要求很高的项目，同时又是一个集体项目，队员个体心理素质的好坏能够在队伍的整体风格上体现出来，而队伍整体风格的好坏与队伍能否取得优异成绩又有密切的关系。

  我在总结自己多年带队经验的基础上，采用多种研究方法来论证和提炼，认为排球队伍的风格与球队的战斗力是密切相关的，而对于教练执教风格取向、队员个体气质类型的选择与队伍风格的塑造也是有着密切关系的。队伍的风格并不是生来俱来或是一成不变的，是可以塑造和改进的。风格的塑造应该从青少年抓起，所以有必要加强青少年排球训练中队伍风格塑造的研究与运用。

⚠ 打排球注意事项：

球员在排球运动中出现的受伤情况，对身体的功能损害，有的影响时间较短，有的则是长期甚至终生的。因此，在运动之前，球员要做好准备运动，要放松关节，这样可防止和减少运动损伤的发生。

1.预防主动伤害，避免被动伤害。因为有一网相隔，排球运动中的冲撞减少，这也就大大减少了球员伤病的几率，身体不容易被伤害。在扣球时要注意不使蛮力，要巧打。比赛前准备运动要到位，至少热身15分钟后再上场，这样可以主动地预防伤害。

2.排球运动是跳跃运动，扣球、拦网，运动员必须不断地腾空而起，挥臂击球。排球运动的急性损伤主要是在腾空落地、扣球、救球等过程中出现的肩锁关节损伤、肩袖损伤、指间关节扭挫伤和脱位、腰椎椎板骨折、膝关节副韧带损伤、半月板损伤、踝关节扭伤等。

3.长期打排球的人，其关节、肌肉、肌腱、筋膜容易被磨损和拉伤，因而引起无菌性炎症，常见的有髌腱周围炎、髌尖末端病、腰椎间盘突出症等。这些慢性损伤在日常的门诊中并不少见。

4.针对排球运动常见的运动损伤，可以准备多种放松方法，防止运动损伤。（1）运动前，先围着排球场跑几圈。跑步时可变换花样，例如用交叉步跑，急速"S"弯变向跑等；（2）跑完后开始活动手腕、脚腕、膝关节、踝关节和髋关节，再多做几次；（3）接下来活动膝关节。可两手放在膝盖上，来回绕小圈；然后再放松踝关节，分别转动左右两个踝关节，来回几遍；（4）最后是放松脊柱。左右前后活动一下颈椎关节，前后扭动一下腰椎关节，当然还可以压压腿，扩扩胸，做几个跳跃动作。总之，要尽量放松各个关节。

5.运动时需要戴上护膝、护踝、护腕、护肘、指套等，保护容易受伤的关节，大家千万不要做容易受伤的人。

6.如果在运动中不慎受伤，应立即停止比赛，及时处理，如果出现严重的损伤则要及时就医。

双人项目 练反应

打羽毛球 防近视

打羽毛球，其实可以很简单。对于这一点，北京籍羽毛球世界冠军董炯可是深有体会。

董炯（特别介绍）

10岁开始打球，14岁进入北京队，18岁被调入国家队。这样的三级跳还真是让人羡慕不已。

三级跳后，成绩当然也是顶呱呱。1996年奥运会获得男单亚军，同年获得羽毛球世界杯男单冠军，然后在1997年获得全英羽毛球公开赛、中国羽毛球公开赛、瑞士羽毛球公开赛是和丹麦羽毛球公开赛冠军。全运会单打冠军、亚运会羽毛球单打冠军，以及一连串的世界冠军头衔，让董炯感受着羽毛球的乐趣。此后，在2000年，他离开国家队，创办了董炯体育文化发展公司。

别看好像转行了，但其实还是做着和羽毛球相关的事情。而且只要谈到怎么练羽毛球，怎么打好羽毛球，董老师依然是滔滔不绝。

👍 打羽毛球的益处：

1.羽毛球飞行的速度特别快，要想打羽毛球，必须集中注意力；同时，练羽毛球可以锻炼人的反应能力。此外，还有一种观点认为，因为在打球的时候眼睛要随着羽毛球动来动去，因此，练羽毛球能够促进青少年眼睛的发育，防止近视。

2.打羽毛球同其他运动项目一样，可以提升孩子的身体素质、运动能力，在如今课业压力过大的情况下，因为打羽毛球

◎ 图为中学生在打羽毛球。

经常要做引臂动作，所以对孩子的脊柱也非常有好处。

3.羽毛球运动的活动量是很大的，因此，它能够提高心肺功能；同时，打羽毛球不仅要求身体柔韧性好，而且还要求身体协调，所以，对青少年的身体也有好处。

4.羽毛球运动的消耗量是非常大的，因此，打羽毛球可以磨炼人的意志品质。

5.中国是羽毛球大国，会打羽毛球的人非常多，所以，打羽毛球能够让青少年结识很多的朋友。

专家支招：

1. 6岁开始学习正合适。学习羽毛球，从6岁开始是比较合适的年龄，因为这个年龄段孩子的身体条件已经具备了打羽毛球的基础。孩子们在打球时，即便击球动作僵硬，动作不协调，发球时拍子经常沾不着球，也都是正常现象，只要反复练习，就会有进步，最终找到感觉。

2. 一定要注重热身。因为孩子们的技术不正确或有错误，注意力不集中，自我保护能力差，落地重心不稳等原因，他们在运动过程中容易发生踝关节、膝关节、肘关节的扭伤，所以一定要做好训练前的热身活动，避免因为突然的剧烈运动给身体带来伤害。

3. 如果孩子准备把打羽毛球作为一项爱好长期坚持下去并想在技术上有进一步的突破，还是应该找专业教练进行指导。因为业余羽毛球爱好者身上的很多伤病都是由于自己动作不规范、发力方法不正确而造成的。所以，在有条件的情况下，孩子学习羽毛球最好是从起步阶段就找专业的教练培训一下，养成正确的基础动作。这样，他们在日后的羽毛球运动中才会尽可能地避免一些不必要的伤害。

4.初学羽毛球的过程相对枯燥、单调，而六七岁的孩子正是活泼好动、好奇心旺盛的时候，如何培养孩子的兴趣，让孩子能够坚持羽毛球训练，家长的作用非常关键。如果家长也喜欢打羽毛球，那么孩子就可以和家长一起打球，这样不仅能够拉近家长和孩子之间的距离，而且可以促使孩子坚持下来。

5.平时不打球的时候，可以训练一些专项素质，如跳绳的单双摇，这样可以提高孩子的弹跳力以及腰腹能力。还有，进行仰卧起坐、立定跳远、羽毛球掷远等活动也非常必要。这些训练都简单易行。

❗ 打羽毛球注意事项：

1.装备好用不在贵

给学球的孩子准备一套羽毛球装备，关键在好用，不在价格昂贵。拍子一定要轻一些的，因为孩子握拍的正确姿势是手往前握，这样一方面可以增加挥拍速率，一方面可以保护孩子的手腕不受伤害。随着孩子的年龄慢慢增长，握拍位置逐渐向后，最终和大人一样。一般孩子的拍子上拍线，在18到22磅之间比较合适。软一点儿有利于提高他们手上对球的控制力，太硬的话，初学者很难控制。另外，孩子拍子上的毛巾条不要太粗，因为孩子的手比较小，对于太粗的毛巾条不好把握。

2.国家队选手如何热身

国家队选手训练前的热身流程是这样的：先将踝关节、跟腱、膝关节、髋关节、腰椎、肩膀、手肘、手腕、颈椎等这些主要关节活动一遍。在整个过程中，每个关节都要做两到三个动作，每个动作都是四八拍的口令。然后是压腿拉韧带。关节和韧带活动开后，选手绕场跑动。跑动当中要进行一些专项动作。这个过程需要五分钟到十分钟。整个一套热身动作下来，如果是在夏天，肯定要出一身大汗；如果是在冬天，热身的过程需要穿着外套进行，等到热身之后再脱掉外套。热身活动的目的就是为了让各个关节部位都得到活动，这样再打球就会减少受伤的可能。

3.业余的球手也会受专业伤

大多数羽毛球爱好者都愿意找一个和自己水平相当的对手打，因此即便是业余的球员，双方水平相当，其实对抗的强度和专业的程度是和职业球员相差无几的，所以非专业的球员也会受专业的伤。为了防止受伤，一定要注意两点：做好热身活动，运动的时间不要太长、强度不要太大。

打乒乓球 练拼搏

"小乒乓带动大外交",外交史上的佳话,彰显了乒乓球神奇的魅力。几乎每位国人都能拿起乒乓球打上几个回合。小小乒乓球,带给我们的不仅是锻炼和娱乐,更是象征了积极进取、有勇有谋的拼搏精神。当然也是一项非常受孩子们喜爱的球类运动。由乒坛老将张雷来给孩子们支招是再好不过了。

张雷(特别介绍)

北京籍乒乓球世界冠军,现任北京乒乓球队总教练。

👍 打乒乓球的益处:

1. 不易受伤

乒乓球是隔网运动,没有激烈的身体对抗和接触,也不需要人在运动中完成高难度的动作,因此大大减少了运动伤害的可能性。

2. 开展简便

乒乓球的运动装备便于携带,而且乒乓球台在许多社区都可以摆放。在中国,有乒乓球台的营业性健身场所以及乒乓球俱乐部可谓是遍地开花,有两三个人就可以玩得很高兴,不用发愁找不到对手和球友。

3.花费不大

乒乓球的全套装备比较便宜,除了免费场地外,营业性场地的租金也相对亲民;同时乒乓球训练场地遍地都是,避免了乒乓球爱好者的交通支出。

4.上手容易

乒乓球运动的技巧很好掌握,就连初学者,也能拿起球拍就打。但是,想打好却不容易,它能让你不断琢磨。

专家支招:

乒乓球名宿庄则栋曾经说过:"打乒乓球不是打手上,是打脚下。"这句话的意思是,在乒乓球运动中,步伐是基础,

◎ 图为2012年"溏桥杯"全国乒乓球锦标赛(决赛),张雷与北京乒乓球队队员领奖后合影。

只有脚下移动到位了，手上的技术才能发挥出来。但业余乒乓球爱好者经常遇到的问题是：一门心思练习各种手法，却对脚下的步伐缺乏重视，打球时的移动全凭感觉。虽然业余乒乓球爱好者要像专业运动员那样进行系统的步伐训练不太现实，但多少了解一些步伐训练的方法，并进行简单的训练，相信对于提高技术水平会有不小的帮助。

乒乓球运动的步伐分为左右步伐、前后步伐两种。动作要点是两腿弯曲，前脚掌着地，重心靠前。

左右步伐又分为两种，一种是并步，另一种是交叉步。以右手握拍、身体从左向右移动为例，其中就涉及"推""侧""扑"三项技术，形成一套组合，连续使用，可赶上一个正手的机会。

首先是推挡的时候，需要使用并步。如果对手回球在自己身体的右侧，那么右脚先向身体右侧跨出半步，随后左脚跟进；如果对手回球在自己身体的左侧，那么左脚先向左侧跨出半步，随即右脚跟进。

在并步推挡的过程中，如果遇到对手回球位置比较高，出现可以侧身拉球的机会，这时就涉及并步变为侧身步的问题。还是以右手握拍为例，这时左脚移向身前，同时右脚移向身体侧后，在这个过程中，要注意双腿仍然保持弯曲，重心向前压的要领也不能变。这种侧身步可以为球手赢得侧身进攻的机会。

并步主要在双方的相持段，于中近台使用。但如果对方回球角度大或者自己被对手逼到了远台，那么就要使用交叉步了。

还是以右手握拍为例，在使用交叉步的时候，左脚要先向身前垫一小步，使身体自腰部有一个角度的扭转，随后右脚向右侧跨出一大步，这一系列动作要在很短的时间内完成，从而最终完成交叉步，赶上对手的回球。这便完成了技术动作中的"扑"。

在使用交叉步"扑"到自己的正手位后，又恰好赶上一个正手进攻的机会，但如果回过去的球没能打死对手，对手又将球推向你的反手位，这时就必须根据对手回球角度的大小，判断自己往回赶需要使用正手还是反手。如果对手回球角度不是很大，赶回去可以使用正手，那么就用反交叉步——以右手握拍为例，身体自右侧向左侧移动，右脚先向身体左侧跨一步，随后左脚向身体左侧跨一步，在这个过程中，双腿无交叉。如果对手回球角度大，赶回去只有用反手才能打到球，那么就需要使用前交叉步——同样以右手握拍为例，身体自右侧向左侧移动，右脚先向身体左侧跨一步，右腿与左腿交叉，随后左腿再向身体左侧跨一步。

前后步伐也分为两种，从后往前和从前往后。以右手握拍为例，从后往前的步伐使用在中远台时，对手突然放一个短球，自己从中远台侧上步，使用这种步伐时还是右腿先向移动方向跨出，交叉于左腿之前，随后左腿向移动方向跟进。而从前往后的步伐，则是先向移动方向迈出右腿，右腿不与左腿交叉，随后左腿向移动方向跟进。

（注：文中均以右手握拍为例，如左手握拍，训练方法与此相反即可）

❓ 如何挑选乒乓球球拍：

在中国，乒乓球之所以被称为"国球"，就是因为群众基础很深厚。打乒乓球的人数不胜数，乒乓球运动装备也不胜枚举。正所谓"工欲善其事，必先利其器"，对于业余乒乓球爱好者来说，提高水平除了技术上的进步，装备的选择也很重要。

1. 适合自己的就是最好的

市场上的乒乓球板和胶皮品牌繁多，业余乒乓球爱好者如何挑选"合手"的球板和胶皮呢？其实，适合自己的就是最好的。有人在拍子上贴上猪皮，但照样打得对手人仰马翻。

乒乓球的打法千变万化，特别是业余选手中"怪拍"的使用率比较高。专业选手中也许1000个人里只有一两个使用长胶，可业余选手里10个人恨不得就有3个使用长胶。所以，业余选手的球板和胶皮必须根据自己的打法和实际情况进行选择，不能一概而论，当然，在找到合适的拍子后，不可老换。

2. 未经训练难控碳素球板

如果乒乓球爱好者想要升级装备，则不要购买成品球拍，即商场里卖的那种已经贴好胶皮的乒乓球拍。因为打乒乓球，还是要单买球板和胶皮。

至于购买球板，业余乒乓球爱好者最好购买实木球板，不要打碳素的球板。因为碳素球板打出的球速度很快，球在球板上停留的时间短，没有经过专业训练的业余乒乓球选手很难控制。而实木球板打出的球，是靠打球的人自己发力，这样更容易控制。所以不管直拍还是横拍，业余选手最好都打实木球拍。而且，要注意球板不能太重，否则也不会称手。

3.胶皮未必勤换但要勤粘

在国际乒联主办的比赛中规定使用无机胶水，而且对球拍的平整度与厚度都有严格的要求，即便是专业乒乓球运动员在赛前被要求换胶皮也是家常便饭，所以他们的背包里总是备着剪胶皮的剪刀和粘拍子的胶水。但对于业余乒乓球爱好者而言，就没必要经常性地更换胶皮了。天天打球的业余爱好者，一个月换一块胶皮就行，如果两天打一次球，一个半月换一次胶皮就行。业余爱好者没有专业选手那么大的力量，可以使胶皮的弹性保持得更久，因此业余乒乓球爱好者最好半个月左右重新用胶水粘一次胶皮，这样可以软化胶皮，能够部分恢复胶皮的弹性。

4.选球最好两半都掐掐

业余乒乓球爱好者购买乒乓球时，可以考虑购买红双喜三颗星的乒乓球，因为这种球是乒乓球里硬度最高的，打起来感觉比较好。由于乒乓球是两个半球粘在一起的，购买的时候最好两半都能掐一掐，亲自用手感觉一下，看两个半球的硬度是否均匀，因为只有硬度均匀的球，打起来的运行线路才更规则。而硬度不均匀的球，对手感会有影响。

❗ 打乒乓球注意事项：

1.业余球手提高乒乓球水平，首先要在脚下步伐提高的基础上，再琢磨如何提高手上控制球的能力。

2.业余球手要常打。乒乓球运动是一个熟能生巧的运动，只有多打才能找到感觉，天天打和隔天打的感觉与效果都是不一样的。所以闭门造车或者光看比赛录像是不能提高水平的，必须付诸实践。

3.尽可能营造竞争氛围。业余球友之间打球，要多打计分的比赛，在这种必须分出胜负的较量中，大家才能够相互切磋，共同进步。

4.业余球手要勤于思考。打乒乓球要动脑子，许多业余球手模仿专业球手的打法，这没有任何问题。但是乒乓球球技战术是与自身条件相结合的，球手要根据自己的特点合理运用技术。有时候其实就是"一招鲜吃遍天下"，把自己擅长的套路琢磨透了就会打出好成绩。

5.不必追求动作是不是好看或者正规。对于"半路出家"的业余乒乓球爱好者而言，关键在于提高打球的流畅性，虽然有些业余选手动作看起来很"歪"，但实际效果不错。要改变这些动作可以通过专业指导慢慢摸索和纠正。但其实不管动作好不好看，能够把球打上球台就行，能够让对手接不着的就是好球。

基础项目 强能力

练田径 增素质

田径还真是每个孩子都必须接触到的体育项目。体育课上，跑、跳、投，都得努力样样精通。其实，抛开成绩的压力，田径真的是一个充满了乐趣的项目。对此，中国著名男子三级跳远运动员邹振先是深有体会。

邹振先（特别介绍）

举办了多年的"邹振先挑战赛"，为的就是让别人成功超越自己的成绩。在这样的心态下，邹振先对于如何让孩子们更好地在田径场上找到乐趣，取得成绩，那是绝对的大有心得。

说起邹振先，那就不能不提他的三级跳纪录。1981年，他先是获得了美国国际田径赛的冠军和第四届亚洲田径锦标赛冠军，然后在7月的第十一届世界大学生运动会上，以17米32的成绩获得金牌并打破大运会纪录和亚洲纪录，2个月后，他又在第三届世界杯田径赛中以17.34米获亚军，并打破亚洲纪录。再然后，这个亚洲纪录就此沉寂下来，直到2009年，整整28年后，才被河北运动员李延熙以17米59的成绩打破。

👍 练田径的益处：

1.身体素质方面

身体素质是体质强弱的标志之一，它是人体各器官系统机能在肌肉工作中的反映。由于身体锻炼的项目很多，每个项目技术都有其自身的特点，对身体各部位、环节有其特定的要求，参加身体锻炼能全面地提升人的身体素质。因此，经常进行田径中的跑、跳、投等多种运动，能提高速度。同时，全身肌肉的力量、灵敏、协调和柔韧性等也会得到改善，人体对环境的适应能力和抗病力将大大增强。

2.神经系统方面

人们在进行走、跑、跳、投等练习时，大脑皮层会形成各种条件反射，这都是神经系统在兴奋、抑制相互交替的过程中支配肌肉收缩与放松的情况下完成的。这样，神经系统便得到了锻炼，大脑皮层的神经细胞便得到了发展，神经系统的机能因此不断得到改善。进行田径运动同时还能改善与提高味觉器官、视觉器官和前庭器官的机能。

3.血液循环系统方面

参加体育锻炼，尤其是参加周期性运动项目的中长跑、健身跑锻炼时，机体需要通过血液及时输入大量氧气和营养物质。这就要求血液循环系统加强工作来满足，因此，血液循环系统便得到了锻炼，久而久之，机能也得到了改善。实践证明，经常参加中长跑、健身跑锻炼的人，心肌增强，心壁增厚，心室扩大（心脏容积增加），从而使心脏每一次搏动的输出量增加。另外，这些人血管壁的弹性也较普通人好，心脏体积较普通人大（运动性心肥大），心跳次数较普通人少（运动性心搏徐缓）。这些都是血液循环系统发展完善和机能提高的标志。

4.呼吸系统方面

实践证明，经常参加田径锻炼的人，呼吸肌的力量和耐力得到增强，呼吸差（尽量吸气与尽量呼气的胸围差）加大，肺活量加大，呼吸深度加深，呼吸率减少，最大通气量得到增加，这些都是呼吸系统机能得到改善和提高的标志。

专家支招：

田径是运动之母，是最基础的项目，其他运动都是由田径衍生出来的。田径的运动项目包括各种跳跃、投掷项目以及各种长短距离的赛跑。

一、短跑项目练习

短跑是属于极限强度的运动项目。生理学、生物化学的理论认为，极限强度运动是由无氧代谢方式供给能量的。短跑运动作要求人的躯干稍前倾,但不能低头弯腰。两臂应弯曲在体侧做前后摆动。由此可见,短跑运动对技术的要求特别高,是一项要求全身配合、反应快、灵活性高、强度大的激烈运动项目。青少年在平时的训练中可以从以下三个方面入手。

1.进行爆发力练习

爆发力由两个有机组成部分确定,即速度与力量。因此,可采用以下练习方法:

(1)跳深;

(2)纵跳;

(3)负重纵跳;

(4)负重蹲跳起;

(5)负重深蹲;

(6)负重弓箭步交换跳。

◎ 图为2013年北京国际长跑节。

2.进行柔韧性练习

柔韧素质是指人的各个关节活动的幅度以及肌肉韧带的伸展能力。它在短跑运动中具有重要意义，尤其对于增大运动员的步幅有着十分重要的作用。因此，在训练中通常采用以下方法：

（1）体前屈练习；

（2）把杆拉腿；

（3）纵、横劈叉；

（4）肋木体前后快速屈伸；

（5）踢腿（正、侧面以及外摆、内合四个方面），盘腿坐膝等；

（6）快速的蹲立练习。

3.进行动作速度训练

这个环节是短跑训练的关键，通常采用的方法是辅助练习法、重复法、比赛法和游戏法。其中比赛法是进行速度训练经常使用的方法，由于速度练习时间短，经常使用比赛法，能使运动员情绪高涨，跑出最快的速度。和比赛法作用一样，游戏法可以激发运动员高涨的情绪，同时，由于在游戏过程中能引起各种动作变化，还可以防止因经常进行最快速度的练习而引起的"速度障碍"。

二、长跑项目练习

长跑是一个有节奏的运动项目，跑步步伐的大小、步频和呼吸的相互协调都是很重要的。

长跑需要调整跑步姿势，跑步的手臂摆动特别重要，要有力而且方向要和前进的方向一致。长跑时前后臂要成垂直角度，不要横向摆动，上身可以前倾但不要摇头晃脑，迈步的时候头要抬起不要盯脚。在跑步的腾空阶段，小腿是处于放松状态的；在蹬地的时候，则是发力状态的，这就是一张一弛，也是一个节奏。保持好这种节奏能够最低限度地消耗体力。

长跑是非常好的有氧运动，能使心肺功能和全身肌肉都得到综合的锻炼。如果是初跑者，以前不经常运动，要循序渐进地进行长跑：前两周每天进行连续20分钟至30分钟慢跑的适应，跑不下来可以再减少时间，但最好不要低于15分钟。不必追求速度和距离，根据自己体能跑完这么长的时间即可。以后每两周就增加5分钟至10分钟。如果只是健身跑，能够增加到连续跑45分钟至60分钟就可以固定下来了，将之作为每天的运动量。

初跑者也可以以距离为标准，比如开始两周每天跑3公里适应，然后每个月增加1公里左右，直到增加到满意的距离，然后就可以固定下来了。

如果还有能力想跑得更远的话，一定要以周或月，循序渐进地增加运动量。如果想提升速度，也要先追求距离，后追求速度。只是如果是健身长跑的话，最好以中等强度匀速跑，跑5分钟后前额和后背微微出汗即可。

跑步最好安排在下午3点至5点，或者晚饭2个小时后进行。跑步时，呼吸最好鼻口结合，不要只用口来呼吸。呼吸频率以4步一呼、4步一吸为宜，要深沉、均匀，不要做那种浅而短的呼吸。长跑要有一双合适的跑鞋，如果是一般的健身跑，可以选一般慢跑鞋即可，想提高一些的话，可以选专业马拉松鞋，这种鞋既轻便又耐磨。不要穿布鞋、足球鞋或篮球鞋，这样容易让脚和膝盖受伤。

长跑一定要注意休息，切记不能天天跑。每周至少要休息1天，普通健身锻炼则可每跑2天至3天就休息1天，或者隔1天跑1天。长跑最重要的是坚持，这是一项很枯燥的运动，如果没有毅力是很难达到效果的。

三、跳高项目练习

跳高有两种方式：背越式和跨越式。跳高时要选定一个起跳点，助跑距离不要太长或者太短，步子要有节奏感。

背越式就是背贴着杆过。正面助跑，旋转三步起跳，臀部平杆，主动倒肩，收腹，完成背越式跳高。注意事项：（1）在达到最高速度时起跳；（2）脚跟着地滚动式起跳，要求快速有力；（3）多练助跑起跳，保证顺畅。

跨越式起跳角度是30度至45度，起跳路线是直线，步点可以在起跳点开始反向助跑。跨越式跳高的起跳点在横杆的外侧30厘米处。如果坚持练习，一定会有收获。注意事项：（1）重点掌握杆上动作，练习时要注意控制在杆上挺髋成"桥"形的状态，使之有足够的延续时间，防止"坐"着过杆；（2）

学习过杆技术要采取各种辅助练习，注意设备的安全性能，加强保护措施；（3）要抓好助跑与起跳的有机结合，这是重点；（4）应通过对助跑丈量方法的学习，掌握由直线进入弧线的助跑技术，并确定助跑点。

四、跳远项目练习

跳远运动是提高下肢爆发力与弹跳力的运动项目。它要求下肢与髋部的肌肉协调，并且运动起来快速用力，与上肢的摆动相配合，所以这项运动也需要一定的灵巧性。迅速提高弹跳力的训练教程大体为：

第一项：半蹲跳；第二项：抬脚尖（提踵）；第三项：台阶；第四项：纵跳；第五项：脚尖跳。此外，负重提踵、沙地蛙跳、负重深蹲、拉跟腱、练习腰腹机能等都对提升跳远能力有帮助。

五、投掷项目练习

练习投掷项目要了解此项目会运用到哪些部位的肌肉——如腰、腹、臂、腕、指等。然后，针对这些部位做加强肌肉的锻炼，并掌握好投掷的技巧。建议多练习卧推和俯卧撑，它们对提升投掷能力很有帮助。

⚠ 练田径注意事项：

1.要认真做好运动前的准备活动。田径运动很容易造成肌肉、关节和韧带损伤，尤其下肢受伤的机会更多，唯一的预防办法就是赛前的准备活动。准备活动越充分越不容易受伤。可在慢跑的基础上对肩关节、肘关节、背腰肌肉、腿膝踝关节等部位进行活动，强化肌肉韧带的力量，提高机体的灵敏性和协调性，从而防止受伤，这样便可提高运动成绩。

2.运动前，应注意保持良好的睡眠和体力，控制过多饮食和饮水，更不得饮酒。运动后，应做好放松活动，以尽快恢复体力和肌肉的力量。其方法是对身体各部位进行放松性的抖动、拍打以及互相按摩等。千万不要在吃饭后马上运动。

3.最好在专业人士的指导下进行训练。

4.进行田径运动时要量力而行，开始时要循序渐进，只能跑200米就别跑400米，千万不要逞能激进。

5.对于有氧和无氧的项目要有所区分，田赛和径赛各不相同。

学游泳　强心肺

说起游泳，似乎是一个需要力量的项目，很多瘦瘦的姑娘一点儿也不喜欢。但是事实并非如此，当年中国泳坛"五朵金花"中的钱红，可就是身材最为瘦小的一个。按照她的话说，当时不少只看身材、只看力量的专家们，可是一点也不看好她。但是，就是这个和普通人

> 看起来没有一点儿区别的姑娘,最终拿到了奥运会的金牌。所以,让钱红来给大家支招,一定会让小女生们继续美美瘦瘦的。

钱红（特别介绍）

钱红有个非常好听的外号——"水蝴蝶"。原因很简单,她的泳姿是蝶泳。1988年,钱红初出茅庐,便在汉城奥运会勇夺一枚铜牌,1992年在巴塞罗那奥运会上,在最后60米还处在第三的时候,她愣是接连超过对手,最终获得了女子100米蝶泳的金牌。而在她的游泳生涯中,一共获得了51个世界冠军。

现在,钱红与先生创办了"钱红游泳俱乐部"。专门和学校合作,针对青少年进行游泳训练和培训。所以,由她来制定游泳运动处方,当然是针对性极强了。

◎ 图为澳洲退役游泳名将索普来华指导青少年游泳。

👍 练游泳的益处：

1.游泳对心肺功能非常有好处

跑步等运动虽然也锻炼心肺功能，但为什么游泳的效果更突出？这是因为人体在水中的体位是有变化的。在跑步时，人是站着的，内脏在竖直的人体内是悬挂着的，但在水里则完全不一样。同时，因为水的密度比空气大得多，这就对人体形成了一种挤压，能够提升心肺的功能。

2.游泳对骨骼的发育非常有益处，尤其是正处于成长阶段的青少年

人长期在陆地上行走，骨骼受到一定的挤压，但在水里，因为浮力的作用，骨骼受到的压力相对比较小，因而更放松。同时，因为孩子的骨骼没有完全钙化，柔韧性好，但硬度不强，因此在水里开展运动不容易受伤，不容易造成骨骼的变形。

3.游泳对肌肉好

游泳是一个牵涉到全身的综合运动，它让人浑身使劲，这比打羽毛球、乒乓球和网球等单侧运动，更容易促进肌肉的均衡发展。

4.游泳对学习其实是有帮助的

参加一个游泳队，参加一个小型游泳比赛，这种氛围和在学校学习的氛围是不一样的，在这个过程中，青少年可以学到

不少书本上没有的知识。

❗ 练游泳注意事项：

中国大部分游泳教学都先学习蛙泳，这样的话，孩子一旦入水后，头脑中形成了固定的模式，再想转换成自由泳，就特别困难。国外都是先学自由泳，因为自由泳的游动方式最接近人在陆地上前进的方式。学习自由泳之后，再练习其他泳姿就相对容易一些。学习游泳需要注意几点：第一是不怕水，要能在水中找到方向；第二是换气，用鼻子吐气，用嘴吸气；第三非常关键，叫基本游泳救生能力。为什么中国首先学蛙泳，因为学习蛙泳首先要学习在水上漂浮，这其实是把基本救生能力和游泳技能融合一起了，为日后的教学节省了时间。我们对七所学校的救生课进行了调查，发现70%的孩子会游泳，但99%的孩子不知道救生，一个是仰漂，一个叫浮漂。以上这些都学会了，我们才开始教游泳。

以自由泳为例，在游泳教学中，第一个要教的是蹬边，孩子们只有学会了蹬边，才能在学习自由泳前，找到自由泳前进的感觉。手臂放在头上边，双脚蹬出去，就可以找到前进的感觉。这样反复练习几次，孩子就明白是怎么一回事了。第二是教孩子们打腿。打腿正确的模式是：用臀部带大腿，用大腿带小腿，用小腿带脚。而不正规的训练是把臀部带大腿这一个环节省略了。其实，如果孩子不会用力，只要用手指点一点孩子的臀部，他们就会使劲了。这一点对孩子学习游泳非常重要，因为臀部肌肉比腿多，它会使劲后，对游泳过程中的整个换气都有好处。刚开始学习自由泳的时候，不需要规律的呼吸，头就在水上面，等到游起来后，调整呼吸就可以了，找个教练就可以调整过来。

专家支招：

1.5岁以前要挑泳池，因为水里是有药的，要挑好的泳池来游泳。

2.游泳的时候，热身很重要。因为地滑，所以不建议孩子们在泳池边跑步。有一套结合了拉伸运动的热身操，其有三项内容：第一项是旋转，第二项是弯曲，最后是伸展。主要目的是完成身体拉伸，同时进行热身，将颈椎、膝盖、腰和踝等部位的重要关节都拉伸开，最后加入整个身体的旋转。孩子们做完这样一套操，应该是大汗淋漓的。

3.心肺功能不健全的人，游泳时一定要"适可而止"。具体的掌握方法，就是看孩子的"三角区"。如果此处发青，千万不要再游了；如果在水温不低的情况下，孩子的嘴唇发紫，脸发白，

◎ 图为钱红辅导青少年游泳。

那也不要游了；再者，如果孩子急速地打哆嗦，也必须马上离开泳池。

4.孩子们刚开始接触游泳，难免有怕水的情况发生，可以在教游泳前，让他们做一些游戏，玩一玩，然后再慢慢地开始教学。

5.感冒时不要游泳，肚子突然疼痛时不要游泳，饭后20分钟再游泳。

6.抽筋后最基本有效的解决方法就是用手掰抽筋的部位。如果在水中遇到抽筋，就需要使用两种漂浮方法——躺在水面上或者趴浮在水面上掰抽筋的部位，这样就可以解决问题。

骑单车 锤耐力

好像没有谁没有骑过自行车吧？从还在幼儿园开始，孩子们就已经拥有了自己的第一辆小小自行车。从四个轮子到三个轮子再到两个轮子，似乎没有谁不会骑车。

但是会骑和骑好，还真是有着很大的区别。对于此，中国车手计成可是有着很多独门小秘方。

计成（特别介绍）

作为第一个完成自行车世界三大环赛之一环西班牙自行车赛的中国车手，计成也是从一个外行慢慢变成内行的。

在小时候，计成可不是练自行车的，他学的是田径。在2002年的时候，改变发生了，他从省体校田径队转到了公路自行车和场地自行车赛道上。5年后，被选送到荷兰Shimano洲际职业队，正式开始了他的职业自行车运动生涯。

👍 骑自行车的益处：

自行车因为有速度，而且是现代钢铁技术、电子技术以及加工技术与人体相结合的文明运动，天生就被男孩子喜欢。自行车运动还是一个全身大肌肉群的运动，因此对人体的骨骼、肌肉和韧带都有锻炼的效果。另外，骑车时双腿是直上直下的运动，不会对膝盖、脚腕的软组织造成损伤，也不会像其他运动那样容易发生关节扭伤。此外，自行车运动无论年轻人还是老年人都可以参加，它能够提升心肺功能，对心脏起到很强的保护作用。有科学研究表明，这项运动的能量消耗是马拉松运动的两到三倍，是正常的网球等运动的一倍以上。从事公路自行车运动的人，体形比较像排球运动员和马拉松选手，又高又瘦；从事山地自行车运动的人，体形则有点像十项全能运动员。从事自行车运动的人有几"快"：一个是睡觉快，一个是大便快，还有一个是反应快，而这些都是身体好的表现。自行车运动在群众中比较常见的是公路自行车和山地自行车两大类，活动地点多在城市郊野，那里景色优美，空气清新，能够陶冶人的情操，舒缓人的心情。

专家支招：

首先，打算从事自行车运动的青少年，应该具备骑自行车的基本能力与技术，也就是说是一个会骑车的人。但必须明确一点，我们介绍的自行车运动的用车，与平时大家在日常生活中上下班、买东西、带孩子的车是不一样的。运动自行车的车座应该平行甚至高于车把，车把与骑车人的臀部和头部构成一个三角形结构。大家都知道，自然界中三角形的结构是最坚固的，这样，即使在骑行中手部松开车把，车也基本能够保持稳定。脚与脚蹬的接触部位，应该是前脚掌，而不应该是脚的中部或后跟，否则时间长了会毁坏身体的。此外，在骑自行车的过程中，身体不应该晃来晃去，任何扭腰扭肩的姿势都是不正确的，只有前脚掌踩在脚蹬上，双腿跟着脚蹬做圆周运动才是正确的姿势，而不是踩、推和拉拽。

建议所有初学者在骑车出门之前，一定要先进行热身活动。和所有的体育项目一样，骑车人必须先把手、脚和身体最关键的部位都活动开了，才能骑行。热身活动包括牵、拉、伸、展，具体标准是身体微微发热。接下来，如果你准备骑100公里左右的距离，那么在前3公里或5公里，就一定要按照热身的节奏去骑车，不能一上来就把心脏提升到一个高负荷的状态。

还要注意，不要在夜间骑行。每个人的体力状况不一样，不建议一天骑行超过200公里，建议在50公里到180公里之间。一定要注意，在骑行到20公里至40公里之间的时候，就要下车补水、休息。40岁以下的人，可以在每年的骑行中达到一次心跳最大值，如果超过40岁，骑行时就不要超过心跳最大值的90%。

⚠ 骑自行车注意事项：

如果能够一次骑行500公里，那么你就成为达人了，但这500公里中，最好能包括一个二级坡道。坡分四级，级数越小，难度越大。衡量标准是根据坡的长度和斜度来界定的，通常一个坡的长度至少应该超过1.5公里。

如果你的速度保持在每小时25公里以上，那相当不错；如果速度保持在每小时35公里，那你就算准专业的二流水平了；如果速度保持在每小时40公里以上，就可以向职业和专

◎ 图为2014年第四届北京国际自行车骑游大会现场。

业车手迈进了。当然，速度越快危险越大，因此要求车一定要好。不过青少年在入门的时候，要掌握一点：单车不是越贵越好。随着年龄、肌肉、身体实力的增强，车会越来越高级。但是在入门阶段，一辆作为体育运动工具的车，价值在2000元左右就可以了。选择车的时候，注意车架子要与自己的身体形态，比如体重、身高、臂长适合。公路车的价格一般比山地车的价格贵30%左右。至于喜欢公路车还是山地车，完全取决于个人。2000元左右的车就可以保证有一个安全的车架子，这在骑行中对保障生命安全非常重要。最后，青少年最好结伴外出骑行，这样一来路途不枯燥，二来发生状况时可以互相关照。

👍 自行车运动的装备：

强烈建议佩戴头盔，这对于保障安全实在太重要了。另外就是戴骑行手套，它可以防止在摔倒的时候手掌或手背直接撞地，而且手套还可以增加手与车把的摩擦力，避免手出汗令车把湿滑，造成车子失控。好的手套还可以擦汗。再有就是要戴骑行眼镜。可以根据不同条件选择眼镜，因为速度快了之后，会有小飞虫、阳光、尘土等干扰眼睛，骑行眼镜可以起到保护眼睛的作用。另外强烈建议穿骑行裤，因为任何骑行裤都有保护裆部的厚垫子，可以直接保护下身，减少臀部与车座之间的摩擦。这里应该注意的是，穿骑行裤时禁止穿内裤，这个道理就如同在游泳时穿游泳裤就不必穿内裤一样。

技巧项目 塑气质

练体操 美气质

体操是一个带着美感的运动。令人吃惊的柔韧度和力量感聚合在一起,简直是令人惊叹。不过,也正是因为这样,很多人都觉得体操不好练。对此,奥运会冠军马艳红可是一点儿也不认同。

马艳红（特别介绍）

马艳红自创了"蹦杠后空翻转体360°下",还被国际体操联合会命名为"马艳红下",而这些在马艳红看来,不过是水到渠成的事情。

马艳红在1972年进入什刹海体校,11岁被选入八一体操队,1978年入选国家队,然后她就独创出了高低杠"蹦杠后空翻转体360°下"等高难动作。有灵性、有悟性,接下来的事情顺理成章。1979年,15岁的马艳红在第20届世界体操锦标赛高低杠比赛中为中国队夺得了第一枚金牌，成为中国第一个体操世界冠军。然后，在1984年的洛杉矶奥运会中，马艳红又成为第一个中国夺得奥运金牌的体操运动员。随后，她的"蹦杠后空翻转体360°下"被命名为"马艳红下"，成了第一个以中国人的名字命名的体操动作。

有这样一位大前辈给大家支招练体操，当然是既有基础又有拔高了。

👍 练体操的益处：

体操动作的内容十分丰富，种类繁多，富有节奏感，通过不同的方向、速度、姿势、幅度、节奏等，身体的各个部位都可以得到很好的锻炼。如体操的支撑动作可锻炼上肢，连续的成套动作可增强运动员的耐力，倒立和翻转动作可锻炼运动员的前庭器官……某些复杂动作，如在空中翻转、旋转，做的时候会产生离心力和人体重力，引起人体内的血液重新分配，对心血管的状况有较高的要求。所以，长时间的体操运动必然会引起前庭器官产生适应性变化，神经系统和心血管系统的机能提高，这些都是其他体育项目所不具备的，也是体操在中国具有较为广泛的群众基础的原因。现在简要介绍一下练体操的好处：

1.体操运动能塑造青少年的形体美

身体素质是指人体在日常生活中所表现出来的各种机能，包括力量、耐力、灵敏、速度、柔韧等。身体素质是构成体能的重要因素，是衡量体质状况的一个重要标志。体操运动员给我们的印象是男子肌肉发达，上体呈"倒三角"，女子体操运动员苗条。所以，长时间的体操运动能塑造健美的身体形态。

2.体操运动能提升青少年的气质美

体操，尤其是艺术体操，动作细腻丰富、典雅灵活，对人体的神经系统具有更为良好的作用，能使肌肉丰满、柔软、富有弹性，有利于青少年培养气质美。

3.体操运动能增强青少年的身体素质

体操作为一项有氧运动，能全面增强青少年的身体素质、心肺功能和肌肉耐力，促进肌肉各组织器官的协调运作，可以大大提高青少年身体的机能状态，特别是对小肌肉群具有特殊的锻炼作用。

4.体操运动能促进青少年的心理健康

竞技体操因为其高难度动作而让人惊叹，长年练习还可以提升青少年的心理抗压能力。自信心和勇气会渐渐增强，练习者可以获得极大的成功感和满足感，从而更好地认识自我、展现自我、塑造自我。总之，练体操可以调节心理状态，使青少年适应各种生活环境，随时保持一份坦然的心情。

5.体操运动能提高青少年的文化修养

大众艺术体操有不同的动作、音乐、服装以及器械等，这背后蕴藏了不同形态的文化。要想真正融入这项运动，理解其

◎ 图为2012全国幼儿基本体操表演大会。

独具的魅力，在规范练习动作的同时，还应该了解动作、音乐等背后蕴含的多彩文化。而这个了解的过程就是练习者文化修养提高的过程。

6.体操运动能培养青少年的良好个性

大众艺术体操对于青少年的个性培养、心理完善、道德提升都具有良好的作用。通过体操的练习，青少年能够有效地增强自信心和责任感、集体观念和合作意识、刻苦精神和顽强品质以及创造性思维和应变能力。

专家支招：

体操是融健、力、美与实用技能为一体的体育项目。体操的分类主要有基本体操和竞技性体操。基本体操内容丰富，形式简便，不受过多条件的限制，具有广泛的群众性基础。它针对性强，可以锻炼身体的某些部位，促进身体的全面发展，是体操中最基本的内容。

竞技性体操是挖掘人体最大体能，使之在竞赛中达到技术巅峰的一类体操。它包括竞技体操、技巧运动、艺术体操和弹网运动等。它们都有各自的国际组织、特定的技术规程以及竞赛规则、评分和计分方法。竞技性体操包含有许多难度大的动作，具有全面性、复杂性、准确性、惊险性和艺术性的特点。它对人体的体能、技术和心理等方面都提出了更高的要求，是体操中的高级部分。

总之，任何体操都需要孩子从小打下良好的基本功。尤其是竞技体操项目要求运动员重心低，身材不能太高，所以同龄中最为瘦小的孩子往往被看好。其次是四肢要匀称，髋部、肩膀的宽度要合适，不能太宽或者太窄；上下肢伸展时要平，脊椎要直。正常情况下，女孩从四岁开始练体操比较合适，而男孩发育较晚，建议从五六岁开始练体操。

竞技体操除了训练技术动作外，首先要抓好基本功，其中包含以下身体素质的训练：

1.力量素质

（1）体操需要全面发展身体素质。

上肢力量：应重点发展肩带肌和肱二、肱三头肌以及胸大肌的力量。腰腹力量：应重点发展腹部和背部肌群的力量；下肢力量：以发展弹跳力量为主。

（2）成套动作中力量性动作的增加，特别是复合型力量动作，把力量在体操中的作用提到了一个较高的位置。

◎ 图为2012全国幼儿基本体操表演大会。

2. 柔韧素质

（1）成套动作中，大幅度的踢腿和跳步能充分地体现运动员的柔韧性，良好的柔韧性是完成一些难度动作和高质动作的基础。

（2）应重点发展双肩、腰、腿及髋关节的柔韧性。肩部应重点发展肩的伸展性和灵活性。腿部应重点发展体前、体侧的伸展性及控制力。腿部和胯部应重点提高大幅度快速踢腿的能力、腿的控制能力以及髋关节的灵活性。

3. 协调性

协调性是身体素质中最不好练、最不容易提高的一项素质。但它却是体操运动员所必须具备的素质之一。运动员进行组合练习时应选择需要上下肢、躯干、头等身体多个部位相互配合、较为复杂的动作。

4. 耐力素质

发展一般耐力素质的常用方法有：中长跑、变速跑、规定时间的各种原地跳及跳绳等。另外，还可将身体各部的力量练习编成一组，进行循环练习。

⚠ 练体操注意事项：

1. 体操运动是高风险运动

竞技体操对人体的各项身体素质要求都较高，也是运动创伤发生较多的项目。主要原因是由于体操的动作技术较为复杂，较难掌握。而且大多是在器械上练习，一旦摔下来十分容易受伤。另外，器械设备不合要求、保护与自我保护方法不当、未遵循教学训练的原则等，也是练习者受伤的原因。

2.练习竞技体操必须找教练指导

通常，体操运动员都是当地体校教练选的苗子，他们为这些运动员做启蒙教练，然后将之送到市队、省队，甚至国家队。想学习体操的青少年首先要看自己的条件和基础水平如何，要有针对性地进行练习，切记，一定要找教练来对自己进行指导。

3.学体操要做好吃苦的准备

练习体操比想象的还要苦，而且，更容易留下伤病。所以，如果家长真的想让孩子学体操，一定要做好充分的思想准备，充分考虑到孩子的兴趣。此外，还要看孩子是什么样的体质，以便做到因材施教。

练射击 增定力

射击项目，绝对是一个离我们很近又很远的项目。很近，是因为谁小时候没有手里拿着把枪到处瞄准？很远，当然是因为设备上的限制，无法让大家随时随

> 地进行练习。而对于这样一个很近又很远的项目，射击世界冠军杨凌有着自己独到的见解。在他看来，这是一个可以让人终身受益的项目，一定可以给孩子们带来意想不到的收获。

杨凌（特别介绍）

杨凌，中国男子射击运动员，出生于北京。翻开他的履历，绝对是金光闪闪，因为他拿过太多的奥运金牌和其他射击比赛的冠军。别的不说，光是在两届奥运会上蝉联冠军，就已经是太难得的事情了。而杨凌在1996年亚特兰大奥运会和2000年悉尼奥运会上获得了男子10米移动靶冠军，在1996年的时候还创造了新的奥运会纪录。

👍 练射击的益处：

对于枪，可能很多人都觉得这是很神秘的一种东西。现代人接触枪的机会非常少，但很多男孩子的心中都存在着一个"枪"梦。枪确实是非常具有震撼力的东西，射击也是非常酷的运动。但是，可以"玩枪"的场所却很少。北京市周边只有几所射击场。城市人更多的是通过玩CS来了解射击。事实上，CS更多的是一种团队运动，与射击运动有本质的区别。射击是一个人的运动，是需要专注力的。如果家长想让自己的孩子从小练习射击，孩子从中可以获得以下几点益处：

1.治疗多动症

很多孩子好动，静不下来，如果家长送这样的孩子来练习射击，也许能解决这个问题。射击是让人集中注意力的运动，因为射击者必须沉浸在自己的世界中，才能取得好成绩。

2.提高心理素质

射击者要有良好的心理素质，要有耐心。有的人一举起枪来就紧张，这说明他还没有能够很好地控制自己的情绪。射击也可以锻炼人的心理平衡能力，在瞄准前均匀地呼吸，在准备击发时屏住呼吸……做到这一切，才能称得上是一名合格的射击者。

3.磨炼性格，锻造意志

射击运动除了可以培养耐心外，也是磨炼意志品质的良好运动。因为射击运动比较枯燥，如果能够持之以恒，无疑可以磨炼性格，锻造意志。

4.提升视力

射击运动是手、眼和心的配合，对于视力提升显然是有好处的。当前很多孩子喜欢宅在家看电脑，玩电子产品，而射击需要练习者看远处，可以锻炼他们的视力，近视眼也是可以练习射击的。射击好的人的观察力也是非常优秀的，他们的眼睛都很有神。

总之，射击是能够提升一个人心理、生理等各方面素质的一项运动。

专家支招：

如果真的很想练射击的话，建议到所在市区的体校去咨询。现在一般的体校都有射击这个项目，有专业的教练和器材。教练员会从基本功开始教起，练习者参加比赛的机会也比较多。射击的系统训练还是非常艰苦的，一般只有专业队才可以进行训练。

射击属于非常安静的项目，是自己与自己的比赛。大家在电视中观看射击运动，会看到有很多人在一起比赛。其实，在射击时，教练员常常教队员们不要受其他人的影响。不与别人比，而是自己与自己比，这就是所谓的信息回避。射击时要努力使自己的每一发子弹都精准地发射出去，这就够了。大家都知道2004年与2008年奥运会上的埃蒙斯，他的两次错射，都是因为在关键的最后一发上心态发生了变化。尤其是2008年奥运会的最后一枪，他在打第一发到第九发时所做的准备程序都是一模一样的，但在打最后一发时，他抬头看了一眼靶，造成了失误。对于射击运动员来说，任何外界的干扰都是致命的，因此练习射击运动，首先要专注。

射击是一个非常需要程序化、规范化的项目。做什么，练什么，都是有讲究的。射击运动员在做赛前准备时都会很细，甚至细到每一个时间点。每一个射击时间的节点是不能有变化的，诸如起床、出操、吃饭、训练、收枪、吃饭、午休、训练、收枪、体育课、吃饭等等。就连瞄准具、改锥的安放也有讲究。因为每一个小偏差都会造成大问题，这就是射击运动员在训练时特别需要注意的。

射击运动员的心理素质非常重要。近年来，高水平的射击运动员之间技术水平的差距越来越小，比赛的胜与负，往往取决于运动员的心理素质。射击比赛其实就是运动员之间心理上的较量。美国运动员埃蒙斯在奥运会上两次最后一枪痛失金牌的教训，让人更加清楚地认识到心理训练的重要性。运动员的心理训练已经是现代体育运动训练的重要组成部分。目前，很多的心理技能训练方法已经得到应用，其中表象训练法是应用最为广泛的心理技能训练方法之一。

表象是指形象化的东西在头脑中的反应。表象训练是有意识地、积极地利用自己头脑中已经形成的运动表象，进行回顾、重复、修改、发展和创造动作形象的技巧，它是射击教学和训练中一种行之有效的方法和手段。射击运动的关键是连续地、精确地命中目标。要想达到连续命中靶心的要求，其核心之处就在于技术动作、心理和器材的一致性。哪一个环节出现差错，都会影响射击的命中率，影响成绩。

最后要说的是，要想成为一名优秀的射击运动员，一定要臂力好。在家练习的青少年，可以考虑在持枪手臂上悬挂重物，然后保持持枪姿势，以此练习身体的稳定性和平衡性。

👍 练射击注意事项：

1. 注意枪支的危险性

射击离不开枪支，而枪支是危险的。使用枪支一定要符合国家的安全管理规定，每一个学习射击的人都应注意这一点。

2. 防止颈部损伤

孩子练习射击要防止受伤。射击运动对于颈椎、腰椎、肩膀、手腕的要求都比较高。如果练习步枪射击，还会对膝盖、脚腕产生劳损，这就需要运动员抽空多做伸展恢复练习。例如，两手平衡做肌肉恢复训练，恢复训练时脖子不要绕圈等，这些都是基本常识。如果年幼的孩子练习射击，恢复性训练就显得更为重要。

3. 多进行有氧练习

射击是一个紧张程度很高的运动。射击时，运动员会在瞬间心跳加快，因此有心脏病的人不适宜练习射击。平时，在练习射击时要多做有氧训练，增加肺活量。

练击剑 养内涵

和射击一样，击剑也是一个很近又很远的项目。几乎没有谁小的时候不会拿着宝剑刺来刺去，勾勒着最初的剑客和武侠梦想。不过，当一名真正的剑客和成就武侠梦想，可真不是一回事。击剑就是击剑，是一个名副其实的让人变得更为内敛和有风度的项目，绝对不是为了塑造一个江湖侠客。

王海滨（特别介绍）

江苏南京人，现任中国男子花剑队主教练。1984年进入南京市公园路体校，开始了自己的剑客梦想。不过，这条路并不像他想得那么平坦，在这个一直是欧美人称霸的舞台上，他多次和冠军擦肩而过。不过，这也更造就了他内敛的性格。因此，说起击剑，这位2000年悉尼奥运会男子花剑团体亚军和2002年釜山亚运会男子花剑个人冠军，总是带着别样的感情。而在给孩子们开处方的时候，也是别有自己的味道。

👍 练击剑的益处：

击剑的好处，简单来说，可以概括为以下几点：

1.击剑是国外的一种贵族运动，当训练者穿上白色的击剑服，戴上黑色的头盔，潇洒地手持长剑傲然而立的时候，一种自信的气质油然而生。因此，击剑不仅是一种锻炼体能和防身技能的体育项目，同时还可以使训练者的内在气质发生改变，可使其姿态更优雅，气质更高贵。

2.现在的孩子都是独生子女，家庭条件都比较优越，较缺乏独立精神，然而，他们面对的未来将是一个竞争更加激烈的社会。因此，击剑运动可以弥补孩子们在成长的过程中于书本上很难学到的知识，对于他们意志品质、个人修养、形体气质以及文化知识的提升都大有益处。

3.青少年通过击剑课程的学习，可以养成良好的素养、优秀的品质、坚强的毅力、高贵的气质、优雅的举止和良好的心理素质。

4.击剑可以锻炼身体的协调性、柔韧性和灵活性，培养青少年良好的体能，增强他们的体质。

5.在搏击交手的过程中，击剑的双方需要不断的观察和思考，而在进入交锋距离内，则要求击剑者在有限的时间里，迅速做出反应，从而形成一种全新的思维模式，这一切，都能够促进击剑者的快速应变能力。其对青少年的智力以及身体发育，都是一种非常有益的训练。

6.由于击剑的基本动作需要打开髋关节的，这样就可以使大腿内侧的肌肉得到充分的锻炼，而大腿内侧的肌肉是绝大多数运动难以练到的部位，而恰恰是这个部位的肌肉，经过长期的训练，可以使击剑者的双腿拥有完美的线条，令其身材更加挺拔。

◎ 图为王海滨指导小选手练习击剑。

7.击剑者在长时间的锻炼中可以养成这样的习惯：面

对危机，沉着冷静，注意观察，可以迅速判断出对方的动机和下一步行动的可能性。击剑讲究的是距离防守。所以，击剑者会让对方永远无法接近自己的身体，并且抓住时机克敌制胜。通过不断的训练，这种应变能力慢慢会成为本能的反应，将之运用到实际生活中，会让人在危急时刻，迅速做出最正确的判断和应对。

8.首先，击剑的运动量可以根据每个人的体力来进行调节，让自己达到一定的训练量。其次，击剑服由尼龙防弹材料制成，腰腹部较厚，在运动的过程当中，这些部位会大量出汗，而腰腹部正是最容易堆积脂肪的地方。所以，通过击剑运动，可以达到减肥塑身的目的。

9.击剑能够使人在双方的对抗中享受博弈的乐趣，释放压力，体验成功的快乐，激发斗志和热情。所以，这是一项既不会产生任何运动伤害，同时又充满刺激的运动。

10.击剑是一项新兴的时尚运动，与射击、游泳、马术和越野，一同被列为"现代五项"，在国外更是拥有大批的爱好者。相信其未来在国内也会得到迅速的发展。

专家支招：

1.学击剑要有准备

青少年练习击剑要趁早。14岁以前，是神经系统发育的最佳时期，击剑运动可以给孩子以良好的刺激，有利于发展孩子的空间转换、形体感知等右脑功能，提升创造力。击剑被誉为"剑尖上的芭蕾"。你见过跳芭蕾的胖人吗？练击剑的人几乎无一例外身材都非常好。击剑也是需要循序渐进的运动项目，它是技巧类项目，不可操之过急。同时，击剑是战术性很强的对抗性项目，又是对速度、灵敏等素质要求较高的运动项目。一个初学击剑的运动员，一般需2至3年才能较熟练地全面掌握基本技术。

学习击剑，首先要对这个运动的文化有一些了解。无论是通过网络还是书籍都可以达到积累击剑知识的目的。其次，可以就近找一位击剑专业人士，了解击剑项目的特点，找出合适自己的剑种（花剑，重剑，佩剑）。这个很重要，选择剑种一般和自己的性格爱好有关系。如，花剑张扬、果敢，佩剑勇猛、率真，重剑稳重、细致、睿智。

最后，便开始击剑锻炼了。击剑可以训练人的反应、速度、耐力、力量、协调性、思维等方面。当然，扎实的基本动作是练好击剑的重要因素。刚开始学习击倒时可能会不适应，但是渐渐地，便会越来越感到击剑的乐趣。如今，击剑一年的训练费多为数千元。击剑运动近年来的快速发展，跟击剑项目本身所需费用的降低有着密切关系。而且击剑属于上手较快的项目，人们在经过十多个小时的学习后，便可掌握部分的攻、防、抢等基本技术，这样就可以上场对敌了。

2.器材要备全

青少年击剑的器材与成人不同，很多剑是塑料剑，这显然是为了防止孩子们受伤。孩子们练习击剑，还是应该找正规的教练员，参加正规的培训班。学习击剑，装备不能少。一套完整的击剑装备包括用剑和服装。服装主要是对身体起保护作用，包括面罩、短上衣、胸甲、护臂、手套、短裤和击剑鞋等。国外进口的装备较贵，万元左右；国产的装备则在2000元以内就可以买到。

3. 基本功要扎实

从事击剑运动必须会一个基本功——丁字步，即打开髋关节，这是击剑运动最基本的动作，一定要练扎实。同时，腰腹力量是击剑运动的核心力量，腰腹不懈怠，身体才能挺拔。

4. 礼仪要讲究

击剑是非常讲究礼仪的运动。实战前必须行礼。穿好击剑服后，击剑者要左手拿护面，右手握剑，与对手同时举剑，向对方行礼。

在行礼时，应右手握剑，左手把护罩抱在齐腰处，剑头指向天空。如果对手是教练员，那么则应该主动为教练员准备护具，必要时为其穿戴护具，然后站在对面向教练员行礼。教练员回礼后，击剑者才能回到准备姿势，准备实战。

单独练习时，不管出于何种理由，剑都不能指向周围的任何人，尤其是没有佩戴护具的人。练习结束后，击剑者应回到原位，脱下护罩，等待裁判员（或教练）宣读结果，然后双方握手。

击剑中的礼仪，不仅仅是对人的尊重，也包括对场地和器材的尊重。剑不允许碰到剑道，不能砍、刺、劈剑道。

❗ 练击剑注意事项：

击剑运动员的运动寿命相对比较长，此项运动是与智慧、经验和良好的身体条件分不开的，但运动训练损伤会对运动员的成绩造成直接影响。我国以前有不少运动员在技术顶峰或运动成绩上升时由于比较严重的运动损伤不得不遗憾地终止专项训练。

击剑运动最常见的损伤病例出现在膝关节，主要有半月板损伤、侧付韧带损伤、十字韧带损伤等。

击剑运动须知：

1.交锋前，必须充分热身，以防受伤。准备活动为：充分活动踝关节、膝关节、腕关节、肩关节、颈部、脊椎以及大腿肌肉。

2.热身时动作幅度要由小到大，频率不能过快。在疲劳情况下，不宜进行热身。通常的热身方式为：转动各部位关节，正、侧面压腿。热身活动时间不得少于15分钟。

3.弓步练习不能过多，以免肌肉韧带和关节损伤。

4.在击剑过程中，一定要量力而行，以防脚踝、膝部、大腿肌肉等部位扭伤或拉伤。

5.击剑是斗智斗勇的体育活动，请勿玩命劈刺对手，以防给对手或自己造成不必要的伤害。击剑时要点到为止，以轻、巧、灵取胜于敌。

6.初学者一般都会从花剑开始练起，打好基础、掌握技巧后，根据自己的兴趣转为佩剑和重剑。这个过程是比较合理的，反之则难度较大。

热门项目 学礼仪

打网球 懂诚信

像李娜一样拿到大满贯的冠军,这样的梦想实在美妙。网球正是近些年来最热门的运动项目之一。很多家长都热衷让孩子打网球,认为这样既锻炼了身体,还能够学到很多书本中学不到的东西。在这里为孩子们提供网球处方的是著名网球选手李思。

李思(特别介绍)

李思很会打网球,他曾获第八届全运会男子团体冠军、男子单打亚军、男子双打亚军、混合双打亚军、第九届全运会男子单打冠军、男子双打冠军。不过,说起他,最让人感慨的还是他独立的性格。在他只有2岁的时候,父亲就去了美国,此后在他7岁那年,妈妈也到美国定居。只有李思留在了国内,养在别人家中。或许正是这种独立的性格,让李思在打球的过程中更为果断。

👍 打网球的益处：

1.打网球可以强身健体

网球是一种户内外有氧运动，青少年在繁重的学习中，需要到室外进行一些强身健体的运动，而网球正是这样的运动。

2.网球是能在3岁到90岁人群之间进行的运动，不受年龄和性别的影响

一旦在青少年时期学习了网球，可以一直打到老。

3.网球文化可以培养诚实守信的优秀品质

业余活动中的网球运动，大多是在无裁判状态下的信任制比赛，运动员一定要诚实，把好球说成出界或把出界说成好球都是不诚实的表现。诚信贯穿于整个网球运动，而网球也是最能体现一个人诚信品质的体育活动之一。

4.网球运动有着文明、高雅的文化礼仪

这种文化源于一百多年来传统的习俗，管理者的管理和网球人群的意愿。网球礼仪表现在：球员与球员、教练、观众始终以礼相待；观众在观赏网球比赛的中途不能走动和发出声音；现代网球文化既保留了古代网球的文明与高雅，又增强了现代网球的大众性。在网球运动中，一个有文明、有礼节、有涵养的运动员，不管在任何地方，都会受到大家的欢迎。

5.网球运动可以提高人们的综合素质

网球运动影响着人们的思想和行为。任何一种文化都代表着一种价值取向，网球运动通过技能、心理、准则、礼仪等将网球文化所要求的思维模式、道德规范、行为准则有机地融为一体，提高了练习者的综合素质。

专家支招：

青少年打网球和成人打网球有着很大的区别。因此，建议青少年打网球一定要结合自身的特点，不能强度过大。而不同年龄段的孩子，也应该有不同的训练重点。下面，就根据不同的年龄提供两套训练小方案。

一、10岁以下（以熟悉网球运动并培养兴趣为主）

对于刚刚接触网球的孩子来说，应该先让他们熟悉网球以及场地的环境。做一些球类活动的游戏，这样可以提高孩子们的兴趣，让他们真正地喜欢上网球。

1.进行简单的热身活动。这样做是为了防止受伤。

2.进行简单的基本功训练。基本功训练主要包含两个方面：第一是挥拍训练，第二是步伐训练。对于孩子们来说，这两项基本功最为重要，也相对简单。

具体来说，可以先进行五分钟的挥拍训练，让孩子反复重复一个动作，以此来掌握动作要领。然后再进行五分钟的步伐练习，做这部分练习时，可以将一些简单的游戏融入其中，比如跳绳、扔球等等。

3.简单的游戏加上短式网球。青少年最好就打短式网球，因为不到10岁的孩子还处于发育时期，身体形态、技能、素质等基本运动要素，与成年人有较大差异。一般的网球场、网球拍、网球重量等都是为成年人设计的，所以短式网球是最适合的选择。

另外，在这个年龄段，还应该适当增加游戏的部分。比如，可以比赛拿拍子上下拍球，看谁拍得多；或者拿拍子上下颠球，看谁颠得多。也可以让孩子自己向前抛球，然后迅速跑去接球，比谁的反应更快。另外，家长也可以隔网向不同方向抛球，让孩子向不同的方向奔跑迅速接球。这些带有游戏性质的练习应该贯穿于这个阶段的训练中，这样才能让孩子们慢慢喜欢上网球。

二、10岁以上（可以适当增加网球技术性方面的训练）

1.必要的热身。这一点是必不可少的。

2.对于基本功的强化和纠正。这个时期，孩子们开始逐渐固定自己的各种动作。所以，如果可能，一定要在这个阶段就开始保证孩子的网球技术动作是完全规范、标准的，每一个细节都不能被忽略。否则，将来再改是很麻烦的一件事情。

至于具体的要求，则主要分成三个方面：分别是步法（站位和移动）、上半身（位置和动作）和球拍（位置和方向）。

总的来说，这三个方面综合起来，一定会对网球技术产生巨大的影响。

3.心理素质的培养。除了技术，这个时期也应该为孩子们学习基础的网球战术做好思想准备。战术思想应从这个时候起开始融入平时的技术训练中。我们要告诉孩子，尽可能多地打回合球非常重要，并且落在界内的球越多越好，至少要比对手多一次。良好的心理素质对准确地打向目标，赢得每一分十分重要。这种心理素质，在孩子们早期的网球训练中就应该进行培养。

身体训练以速度训练、协调性训练和耐力训练为核心。耐力训练是其中最主要的，可以通过多种基础练习和小游戏增强孩子们的耐力。

4.一定的战术训练。应该培养孩子们的战术概念和攻防转换的思想。在练习的时候，可从特殊的正手开始，包括大力截击、第一截击，以及放小球、网前小球和正手高压。用截击、小球或是高压这三种击球方式结束对技术的拓展训练，让孩子得到全方位的锻炼。

总之，网球是一项对于每个年龄段的人都有不同要求的运动项目。在练习网球的时候，应该特别注意不要急于求成；应该针对青少年生理、心理、智力发展的规律和特点，系统地指导他们进行科学的网球练习。

> ⚠️ **打网球注意事项：**

1.对于球拍和球一定要注意，不要认为什么球孩子都能打。就网球运动项目中的球而言，按不同训练对象可分为：气网球（幼儿）、泡沫球（儿童）、无压球，也可分为过渡球（少年儿童）和低压球（青少年）。所以，一旦未成年人使用成人球，可能会造成不必要的伤害。

2.千万不能长时间训练。有的时候孩子一打起网球，就不愿意停下来，这样做是不对的。练习过程应该遵循加大——适应——再加大——再适应的节奏，循序渐进，才能练好网球。

3.要注意基本功的扎实，因为一旦动作不规范，很容易造成身体和心理的双重伤害。

打高尔夫 享阳光

在阳光明媚的球场中晒得黝黑，挥舞着高尔夫球球杆，贴近大自然，这种场景真是让人向往。原中国高尔夫球国家男队主带教练员田金龙，当然大力推荐孩子们去练高尔夫球，因为在他看来，打高尔夫球真的是怎么都好。

田金龙（特别介绍）

田金龙有着厚厚一沓资格证书，显示着他的专业程度。他获得了美国TPI Level 1认证，美国TPI青少年高尔夫训练（JR）

Level 2认证，美国TPI高尔夫技术训练（GM）Level 2认证。并在VOLVO中国公开赛、中国大师赛、中国业余高尔夫希望赛等大型赛事中担任教学工作。同时，田金龙现任北京金T高尔夫连锁俱乐部教学顾问，中国高尔夫球协会职业教练员。

👍 打高尔夫球的益处：

1.很多家长为孩子沉迷于网络游戏等不良爱好而头疼，而打高尔夫球是一项可以让孩子们"沉迷"的健康运动。因为每一项体育运动都能够锻炼身体，但是只有少数运动可以像打高尔夫球这样，能为孩子们提供与大自然亲密接触的机会。

2.打高尔夫球不受年龄、性别、身体条件的限制，有广泛的参与群体。这项运动身体对抗强度小，大大降低了运动损伤的可能性。同时，作为一项在户外进行的运动，其可以让孩子们充分享受阳光与氧气，达到强身健体的目的。

3.打高尔夫球需要在绿色场地中进行，因此，孩子们得用整体视力持续地对距离、场地、方向进行对准判断，这对保护他们的视力起到了很大作用。同时，打高尔夫球还可锻炼手眼协调配合的能力。

4.孩子们参与这项运动时，需要独立面对各种困难，还需对之做出正确判断和缜密思考，得出解决方案，并承担后果。所以，整个过程看起来是在打球，但更像是在接受生活的磨炼。打高尔夫球的孩子们会有超越年龄的成熟与自信，独立性和处理问题的能力都会得到提升。

5.高尔夫球运动的特点之一是在没有裁判监督的情形下，依靠参与者自觉遵守规则，诚实、守信地进行比赛。这能让孩子们从小学会遵守规则和礼仪，并且勇于承担，在运动中懂得为人之道。在高尔夫球界流传着这样一句话："打高尔夫的孩子不会变坏！"

6.现在，很多孩子我行我素，骄傲自大，或者沉闷自闭，羞于开口。而在高尔夫球运动中，孩子们可以结识许多追求进步、讲究礼仪、遵守规则的朋友。并且，大家可以在公平、公正、规范的气氛里挑战自然，挑战自我，开阔视野，共同进步。

专家支招：

1.需要掌握的运动技能

大脑有不同的激活方式，激活部位也不尽相同，这会发生在不同的成长"窗口"。孩子的大脑处在不断发育的过程中，在这个过程中，大脑会丢掉曾经学到的但没有用到的东西。因此，孩子们在儿童时期，就应让他们学会一些基本的运动技能，并让这些技能贯穿他们整个童年。我们可以把这些运动技能结合高尔夫球的技术特点设定成游戏，贯穿于训练中，让孩子在游戏中学会打高尔夫球。

运动技能包括：

移动能力：跑、跳、闪躲、跳走、单腿跳、远跳、冲刺；

稳定能力：灵敏性、平衡、协调、速度、变向、分离；

操控能力：扔、踢、击打、接、运球、闪躲；

感知能力：空间感、触觉、身体意识。

2.需要掌握的技术能力

对于刚接触高尔夫球运动的孩子，利用半年至一年的时间做好基础技术训练即可。每周训练两次至三次，每次在60分钟内。训练时，不要采用负重或加大训练量的方式，注意循序渐进，不要太烦琐。总之，初学高尔夫球，要以引导进入为主，通过设定游戏，让孩子们在玩的过程中学习技能。基础技术可结合辅助用具进行训练。相信这些技术会随着训练经验的增加与运动技能的提升而被孩子们熟练掌握。

技术能力包括双手握杆、击球准备、瞄准方向、转动中的重心变化、识别果岭等。

⚠️ 打高尔夫球注意事项：

1.一切以安全为先，场地与教具需要仔细检查，游戏项目以平整的软地或草地为主。设定挥杆区域，区域外不可进行挥杆。儿童球杆不能以成人球杆替代。

2.不可忽略规则和礼仪教育，在设定的游戏中要穿插关于高尔夫球运动的规则与礼仪的教育。球员要学会独立完成事项，多与同伴互助配合。

3.儿童高尔夫训练应以游戏及比赛为主，要告别枯燥乏味的训练模式。可通过丰富多彩的颜色吸引孩子们的注意力。以提高兴趣为切入点，不可强迫孩子们参加。项目设置要简单易学，对优胜者给予奖励，对失败者给予鼓励。生动有趣的训练对儿童高尔夫球教学是科学可行的。

4.有趣的训练设置会让更多的孩子们爱上高尔夫球运动，希望家长们把高尔夫球运动当作一种奖励送给孩子。孩子们会因此而更加尊重这项运动并珍惜它。

5.关于不同成长的"窗口"确实存在，就高尔夫球运动而言，要在特定阶段对孩子们进行爆发力和速度的训练。

速度：男孩"窗口"一在6—9岁，"窗口"二在13—16岁，女孩"窗口"一在4—7岁，"窗口"二在11—13岁。这些阶段是最适合接受速度的训练"窗口"。如果不在这几个"窗口"训练孩子们的速度，他们就不会达到最高峰的速度。因此必须在孩子们成长的这几个阶段进行最好的爆发力训练。这就是为什么很多有名的高尔夫球教练都会要求孩子们尽自己最大力量击球的原因。

附：儿童高尔夫球训练安排范例

时间： 55分钟（含休息）
人数： 二人以上为一组

1. 进行热身运动，共5分钟。

跳走——向后跳走——左右单腿跳——碎步跑——向后碎步跑——弓步上举——弓步转体——臀部肌肉拉伸——髋部内外旋走。

2. 练习运动技能，共20分钟，每5分钟更换项目。

（1）**击打：** 棒球击打架起来的球（可以选择棒球棍、网球拍等不同击打物；也可以选择网球、小足球、高尔夫球等不同的球，使球击打到指定区域，比赛）。

（2）**跳走：** 障碍场地爬行（在软底或草地中设置不同障碍，需要爬行穿过，比赛）。

（3）灵敏性：正反向熊爬（比赛）。

（4）协调：螃蟹爬（左右侧向爬行，比赛）。

3.练习技术能力，共15分钟。每5分钟更换项目，前4项共5分钟。

（1）双手握杆：棒式握杆、重叠握杆、互锁握杆，三种握杆方式根据自己的感觉而进行，不做限制。

（2）击球准备：要求身体呈弯曲角度出现，脊柱前倾而非过多弯曲。

（3）瞄准方向：需用彩色绳标定方向平行线，学员站在平行线中间，感知平行线方向，并作击球准备，瞄向此方向。

（4）组合训练：设定游戏，学员在准备区域就位。听到发令迅速上到打位，拿起球杆进入击球准备状态。速度要快，

◎ 图为第十二届全国运动会高尔夫球比赛现场。

按照要求检查握杆、击球准备身形并瞄准方向。（比赛）

（5）**重心训练：**前方放置红白蓝色标示物。红色放在偏向左脚反向的位置，蓝色放在偏向右脚方向的位置，白色对向身体中心。击球准备身体重心对向白色，上杆身体重心转向蓝色，收杆身体重心对向红色。

（6）**识别果岭：**在果岭上设置目标（为塑料瓶子，按保龄球状码放），准备不同的彩色球，如网球、小足球等。在从三米至八米不同的距离中滚动球，让球撞到瓶子。让学员观察随着地势的高低起伏，球是如何变化的，从而学习识别果岭的技术能力。（比赛）

4.总结：奖励优胜者，鼓励他人，相互鞠躬，共5分钟。

冬季项目 练意志

当一届届冬奥会上不断涌现着新的明星的时候，有一个名字一定不会被大家忘记，那就是叶乔波，正是她实现了中国冬奥会奖牌历史上零的突破。所以，她来给冰雪运动开处方，自然权威得不得了。

叶乔波（特别介绍）

叶乔波，绝对是我国冰雪运动划时代的人物。她曾23次夺得世界冠军、2次蝉联全能桂冠，共获得133枚奖牌，曾创造历史上罕见的500米"大满贯"战绩。1992年，在第16届冬季奥运会上，正是叶乔波为中国实现了冬奥会奖牌历史上"零的突破"。

令人敬佩的可不只是成绩，还有精神。为参加第17届冬季奥运会，叶乔波先后两次接受膝关节手术，强忍伤痛，勇夺铜牌，谱写了催人奋进的"乔波精神"。

练滑冰 强体魄

练滑冰的益处：

1.滑冰作为平衡运动，能够不断刺激大脑沟回，提高孩子们的智力水平；同时加快细胞分裂，有效促进骨骼、骨骺增长，使青少年长得更快、更高。

2.滑冰运动具有挑战性、趣味性，能促进孩子们身心健康，增强他们的自信心，调节其学习压力及受挫后的低落情绪。

3.滑冰运动可提高人体抵抗力和免疫力，促进新陈代谢及血液循环，增强心血管系统与呼吸系统功能。

专家支招：

1.少年儿童在什么时候开始学习滑冰比较适宜？

一般情况下，4—6岁是开始学习滑冰的适龄期。由于儿童个子矮，重心低，他们更易于掌握滑冰技巧。

2.在球刀、跑刀、花刀之间，选择哪一种冰刀比较好？

多数人学滑冰是为了娱乐，可考虑选择花刀。花刀不仅花样动作多，乐趣也多。如果目的是健身或提高孩子的身体素质，则建议选择跑刀。因为跑刀的速滑是所有冰上项目的基础运动，可快速提高学生的机体水平。

3.怎样才能站得更稳？

先两脚开立，呈"外八字"，采用"V"字形站姿，双脚与肩同宽，约45度开角。

4.怎样前进？

初学者要确保小步走，微微哈腰，右脚前行一步，稍微向外压刃，左脚向内压刃，并用力向左蹬冰，当身体向右前方前进一大步后，身体重心移到左腿上，左脚向左前方滑行一步，右脚向内压刃，用力向右侧蹬冰……如此交替重复同一个动作便可前进。

5.怎么转弯？

（1）平行转弯法，这是初学者开始滑冰的基本动作。

（2）向左转弯时，先将身体重心放在左腿上，左脚尽可能用外刃，连续做短切线动作，右脚用内刃，向右侧蹬冰，形成向左转弯的滑行轨迹。其最大特点是双脚同时在冰面上滑行，动作简单，安全性好，但速度慢。

（3）压步转弯法：掌握平行转弯要领后，便可以练习单腿压步，两腿交替蹬冰：

A.保持左转弯姿势不变，右脚用内刃向右蹬冰，身体重心尽可能放在左腿上；

B.右腿蹬冰结束后，迅速提拉至左脚前方内侧，并用右腿支撑全身重量，当重心转换到左腿时，要迅速从右脚前方内侧开始，用外刃向右蹬冰。弯道不同于直道滑行，就这样一右、

第四章 青少年身体素质强壮之冠军指路 | 185

◎ 图为叶乔波参加1992年冬季奥运会滑冰比赛。

一左进行压步转换滑行；

　　C.在弯道压步时避免上跳动作，身体始终保持向左倾倒，两膝弯曲，压低重心，两臂配合蹬冰，左臂贴近身体前后小摆动，右臂向侧后方大幅摆动；

　　D.不用刻意倾斜身体角度。身体倾斜角度与弯道滑行的速度成正比关系，速度越快身体倾斜度越大。初学者需在冰场内圈反复练习，直到掌握技巧，方可加快滑行速度。

6.怎么刹车？

（1）"内八字"停止技术：上体稍前倾，两膝微屈向里并拢，用两刀内刃压冰，逐渐分离两脚刀跟，使着力点在冰刀后半部，用力越大，停止效果越好。多在高速滑跑急停时使用。

（2）刀尖停止技术：一腿支撑，另一腿拖后，其冰刀尖垂直于冰面，并做压划冰面动作，使速度慢慢地停下来，该方法在高速滑行中的制动作用不大。

（3）刀跟停止法：一腿支撑，另一腿伸直并向前绷直小腿，完全用刀跟压划冰面，臀部稍微后坐。该方法仅适用于低速滑行，高速时采纳可能会失衡摔倒。

（4）内外刃停止技术：两腿近乎并拢，两刀平行朝向一个方向，向左（或向右）转体45度至90度，右刀内刃需与左刀外刃平行制动，用力压切冰面。该方法被广为使用，在高速滑跑时易于采纳。

（5）右脚外刃停止技术：身体直立，用右脚正刃滑行，左腿抬离冰面，自然放松移到右腿，让身体与右脚冰刀同步快速向右转动，用冰刀外刃刮压冰面。由于在高速滑行时突然制动，这种停止技术会伴随很大的声音，并会刨出很多冰屑。其对初学者而言比较难掌握，除非单腿可自由并随意支撑整个身体滑行。该动作多为专业运动员使用，只有速滑冰刀的右脚外刃基本不用，刚好用于制动。

7.怎样做滑冰前的热身运动?

练习者可慢跑10分钟至微微出汗,然后扩胸、举臂、转腰、屈抬膝、压腿、坐躺于地面,进行各韧带的牵拉(酷似瑜伽)。无论肌肉、关节,还是韧带,热身越充分,受伤概率越低。

8.还有哪些防护措施及相关准备?

(1)初学者在上冰前需佩戴好安全护具:如防护帽、手套、护腕、护膝、护肘等,即使是在夏季或室内滑冰,也建议穿弹力裤。

(2)溜冰者上冰前应检查刀刃是否打磨过,钝的刀刃不易充分完成蹬冰动作,容易让人摔倒。一般冰刀应配有刀套,以避免踩到路面或锐器上。

(3)滑冰者身上应避免有尖锐物品。滑冰后要及时擦汗,穿暖和的衣裳,避免着凉或冻伤。

(4)初次上冰要在冰场边缘手扶安全扶手,也可借助他人搀扶,或使用平衡椅开始滑冰练习。

(5)初学者最好在教练指导下进行滑冰练习。要掌握正确的站立姿势和滑行动作,当意识到要跌倒时,赶紧尽量使自己的身体向前倒,而不是直立向后,以防摔伤后脑。不要做三个人以上的拉手滑行,以免造成多人跌倒摔伤。

(6)如果自己没有磨刀架和磨刀石,最好到服务中心磨刀,因为刀刃不快,人在蹬冰时容易打滑,会使滑冰乐趣大打折扣。

9.如何避免崴脚？

（1）冰鞋尺码要严丝合缝，脚与鞋之间的附着力要好，不能有空隙，大了易崴脚，小了易让脚磨出水泡，冰鞋带也要系好。

（2）冰刀所接触的冰面十分狭窄，人体重心比平常高出10厘米，所以初学者要小心起步，以免扭伤踝关节。如果踝关节松弛无力，最好戴上护踝，以固定关节。滑冰前，有必要在地面上多练习平衡动作。

10.摔倒时有没有技巧？

滑行中如果失控跌倒，应迅速降低重心，屈身，任其向下滑动，不要刻意挣扎；也可向自己身体的左、右侧倾倒，侧倒时要让下半身先着地，避免单只手臂支撑整个身体，绝对避免头部向下或向后倒去。

练滑雪 防三高

👍 练滑雪的益处：

1.滑雪是一项从头到脚的全身运动，不仅提高人的意志力、平衡力、协调能力、心理素质，也可让僵硬的身体变得更加柔软，使肌肉、骨骼、韧带、神经系统得到充分改善。同时，还有利于心血管缩张、提高肺活量、降低"三高"风险，是一项极好的有氧运动。

2.漫长而又寒冷的冬季，会让人感到懒散、郁闷，从而降低工作热情，甚至产生忧郁、沮丧之情。户外滑雪不仅可以缓解内在压力，提高工作效率，身心愉悦，还可释放低落情绪，消除冬季抑郁症状。

3.对于许多"猫冬"的居民而言，滑雪可以快速消耗身体热量，减掉多余的脂肪，因此尤为减肥的女性和偏胖的人所喜欢。数据表明：滑雪一小时消耗近800卡路里，相当于一小时跑10公里的热量。如能坚持每周一次至两次滑雪，其健身与减肥效果更佳。

专家支招：

1.如何选择装备？

为安全起见，孩子们滑雪必须配备全套护具，如：头盔、滑雪镜、护膝、护肘、护臀、雪服、手套等，建议不要使用雪杖，防止戳伤眼睛。孩子滑行时要有大人或教练陪同。此外，要带上毛巾和内衣，以便及时更换。

2.怎么站住？

正常站立姿态是两膝微微屈顶，不要形成O型腿或X型腿站姿，两肩放松，重心略前倾，感觉小腿胫骨紧紧顶在雪靴的前舌上。

3.怎么前进？

（1）双板与髋同宽，两脚带动雪板小步前行，雪板移动时不要离开雪道。

（2）将两只雪杖放到两脚外侧，上身用力向后推，使双侧雪板向前滑行一大步；也可放下雪杖，单腿交替前进，就像走路一样。

（3）雪板垂直于雪道，抬起一只雪板，向侧方迈动，之后两只雪板同时向坡上交替行走。以上行走练习是初学者不可或缺的体验内容。

4.怎么转弯？

转弯是滑雪最关键的动作环节。

（1）用整个身体完成转弯动作，即：头、肩、腿、脚一定要同步转动。通过打开板尾角度的大小控制速度，转弯弧线越大，滑行难度越小，速度也越慢。

（2）身体重心均匀地分布在两只雪板上，慢慢地向转弯弧线外侧移动。向左转弯时，右侧雪板要用内刃压切雪地，左侧雪板用外刃，头部要有意偏向转弯的方向。

（3）尽量减少上半身的动作幅度，发力点要在腰臀和脚掌。初次滑雪的青少年不妨采用"内八字"的刹车技术完成转弯。

（4）当控制力达到一定程度时，再转换成犁式滑雪技术。所谓犁式滑雪技术，就是在滑雪时不换刃。犁式滑雪技术可找到内刃发力转弯的感觉，这是入门最基础的技术动作，初学者不可忽视。

（5）掌握简单的滑雪技巧后，逐步向半犁式、平行式、跳跃式滑雪技术挑战。到了平行式阶段，人们可以随意搭乘缆车，漫山遍野地享受滑雪的无穷魅力，而达到跳跃式水平时，则可尝试去"黑道"，甚至挑战"野雪"。

5.怎么刹车？

（1）平行刹车法：采用站立姿势，将板尾用力向外推（即两脚的脚跟向外推），通过板尾打开的角度大小，控制并减慢速度，直至停止。

（2）立刃刹车法：控制速度不仅依靠"刹车"，还要充分利用雪板的板刃，即用雪板的内外边缘立刃旋转切压雪面，就像切菜那样，达到控制速度的目的。

6.如何摔倒？怎样起身？

（1）初学滑雪摔倒十分正常，当无法控制速度时，要学会主动摔倒，这不失为理性的选择。摔倒时不要向后坐，这会增大控制速度和把控方向的难度。

（2）摔倒的几种选择：身体重心下移，向身体两侧倾倒，向坡顶的那一侧摔倒，避免较劲或翻滚。

（3）摔倒后，将雪板移到与雪道垂直的方向，否则还没等站起来，雪板就会继续带着人向坡下冲滑，让人再次摔倒。因此，要将双脚并拢，蜷缩身体，头部靠近膝盖，用手撑起整个身体。

（4）站起后，先活动身体，检查是否受伤，然后尽可能地迅速离开滑道；立刻踩踏雪板上的固定器，清理雪靴上的冰碴，重新踏上固定器开始滑行。

7.什么样的水平可去不同等级的雪道滑行？

初级水平 （可在5—8度的坡上滑雪）	1. 初次体验滑雪，能站稳、行走、简单滑行。
	2. 可"内八字"滑行、减速，能掌握上下缆车的技巧。
	3. 能用犁式滑雪技术连续左右转弯，随时可以刹车制动。
中级水平 （可到蓝道上滑雪）	1. 可做出八字转弯的动作，随时变换内外板刃，灵活转换身体重心。
	2. 能灵活掌握转弯时走刃、侧滑的变换，可控制转弯时的大小角度与快慢速度。
高级水平 （可到红道或黑道上滑雪）	1. 可快速小回转、大回转，能在任何雪道滑行，可尝试不同的雪坡、陡坡，甚至回转赛道，走刃转弯充分。
	2. 转弯时能压切出粉状雪，能轻松应对难度较大的山坡或复杂的雪况，可处理简单的高级道雪包。

8.应该准备哪些滑雪装备？

滑雪装备由滑雪服、滑雪板、雪靴、雪杖、固定器、盔帽、手套、防紫外线眼镜，或防风镜、防晒霜、护脸罩、运动热水壶等组成。建议自备护腰、护膝，单板爱好者最好有护臀等护具。通常，滑雪场有器材和服装租赁服务。

⚠️ 练滑雪注意事项：

1.初学滑雪者注意事项：

（1）到户外滑雪必须先了解滑雪场地况，缆车路线，记住自己所在方位，认清警示标志，严格遵守滑雪场的管理规定。那些受伤者多半是从未滑过雪，却冒险乘缆车到达顶端的人。他们误以为，踏上雪板不用费力，也会像从身旁擦肩而过的滑雪者一样俯冲而下。切记：这是非常危险的举措！

（2）虽然滑雪的动作技巧比滑冰更容易掌握，但建议初学者不要吝惜交学费。通常一至三堂课足以让人学会"刹车"、犁式滑行、转弯等基本技巧。而这些简单的动作，足以让大家从此爱上滑雪。

（3）滑雪前要检查滑雪板有无折裂，固定器的连接是否牢固，雪靴是否系好等情况。初学者最好不要用雪杖，选择小山丘练习"刹车"，一般坡度在5—8度为佳。

2.滑雪必须注意事项：

（1）选择好天气出行，尽量避开大风雨雪天气。

（2）服饰要合体舒服，尽量穿吸汗的棉质内衣。女性更应注重防晒、防冻。领口、裤口、袖口最好有调节松紧的功能。

（3）准备高能量、易携带的食品，如牛肉干、巧克力、压缩饼干等。

（4）了解滑雪道的高度、宽度、长度、坡度和自己所在的区域。

（5）检查滑雪工具，看所有的器械是否有裂痕或损坏，尤其是固定器的连接是否牢固、适中，因为过紧或过松的固定器，都容易在人摔倒时对身体造成损伤。

（6）安全最重要。切记：饮酒后不要外出滑雪，一旦醉卧在外，非常容易发生冻伤。不要擅自滑出滑雪场界线。滑雪时不要打闹、碰撞，因为滑雪不怕摔，就怕撞。宁可摔倒，也不要发生碰撞——碰撞是很危险的，往往不是撞在别人身上，就是撞到树上、拦网上。这样的活，轻则挫伤，重则骨折。

3.如何热身？

切记永远不要在没有热身的情况下进行滑雪。热身不仅仅是活动及放松肌肉，同时也是一个思想准备的过程。在热身的过程中，要了解自己的身体，体会运动的乐趣，为接下来的滑雪做准备。

（1）热身方法：

A.收腹，抬头挺胸，目视前方，身体保持垂直状态，左脚和右脚在行走时尽量拉开步子，保持一米左右的距离，身体重心在腹部。注意：弯曲的膝关节不能超过脚尖。

B.一只手扶在墙面上，让身体找到平衡感。一条腿抬起，吸气，让膝关节与臀部成一条直线，然后把小腿再伸出去，同样保持一条直线，以提高运动的强度，然后慢慢还原、吐气。

（2）大腿热身：

滑雪时80%的力量都来自大腿，因此腿部的热身活动至关重要。

（3）小腿热身：

滑雪80%的力量来自大腿，那么剩下的20%便来自小腿。小腿的力量主要是用于"刹车"。如果小腿的力量不够，碰到需要"刹车"的情况，就可能会导致小腿抽筋。

热身方法：双手扶在墙面上，保持前脚掌着地，慢慢抬起脚后跟，并且尽可能地抬高，这样坚持10秒钟之后再缓慢地放下。在整个练习过程中要尽量使腿伸直，膝盖稍稍弯曲，以增加难度。

（4）腹部热身：

滑雪对平衡性、协调性的要求都很高，有力量的腹部是控制运动的关键。

热身方法：身体俯卧，双腿伸直，用手臂和腹部力量使身体形成一条直线。使肩部、腹部、臀部、脚跟、身体重心在腹部。注意不要抬起臀部。

（5）手臂热身：

A.手握哑铃或重物，肘关节成90度，让双臂以肩为轴慢慢运动至与肩平行。注意不要耸肩，用肘部力量带动手臂的运动。

B.手握重物，肘关节成90度，用肘部力量带动手臂向内水平运动，保持肩部放松。

（6）臀部热身：

A.收腹,抬头挺胸,目视前方,身体微曲而不是前倾,让身体慢慢做下沉运动,吸气。臀部下沉最低要与膝关节保持同一直线,不要低于膝关节,再慢慢还原,吐气。整个过程要能感觉到肌肉的收缩放松;

B.双脚并拢,这是基础训练;双脚分开并与肩同宽,这样可以增加运动的强度。

总之,要在充分做好热身活动,把身体调节灵活之后,再上滑雪场。这样能少摔几个跟头,会让滑雪者玩得更刺激。

4.摔倒时有没有技巧?如何避免受伤?

滑雪时难免会摔倒,掌握一定技巧后,就可以将伤害降到最低。比如摔倒后应迅速降低重心,后坐,一般情况可以举起双手和双臂,避免翻滚时头部朝下。当然,滑雪者也要量力而行,刚开始就要练习如何在滑行中安全停住,避开滑雪道上的障碍物或其他滑雪者,等掌握了一定技巧之后再到雪场上去滑雪比较稳妥。

5.哪些装备是必不可少的?

(1)滑雪装:

应以保暖、防风雪、舒适合身、不妨碍行动及尽量减少风的阻力为原则。

(2)滑雪板:

一般滑雪板有木质、玻璃纤维和金属之分,木质的轻而价格便宜,但易受潮变形,故使用前应该涂抹特制油脂,使之不易粘雪及防止雪水浸入。玻璃纤维滑雪板适合任何雪质的雪地。

（3）滑雪靴：

初学者和业余者选择保暖合脚及防水的滑雪靴即可。

（4）雪杖：

滑雪杖简称雪杖，其作用是帮助滑雪者在滑行时支撑、加速，同时可维持平衡、引导转弯。应选择撑地后能使大臂与小臂成为直角、适合自己的雪杖。

（5）固定器：

所有的滑雪板上都有将滑雪靴固定在其上的装置。在滑雪者跌倒时固定器会迅速松脱，因此它是避免滑雪者受到伤害的重要防护器具之一。

（6）头盔：

滑雪者一定要保护好自己的头部，因为滑雪时避免不了摔跤，当摔倒时头部会受到震击，所以建议一定要佩戴头盔来保护头部的安全。

（7）护具：

护具包括护膝、护腕、护臀等，护具一定要佩戴齐全。

（8）手套：

滑雪手套是必备品，冬季温度偏低时能起到保暖的作用；同时板刃比较锋利，戴手套可避免将手划伤。

（9）滑雪镜：

由于雪地上阳光反射很厉害，加上滑行中冷风对眼睛的刺激很大，所以滑雪者离不开滑雪镜对眼睛的保护，当然要保证眼镜在使用时不能有雾。

打冰球　磨意志

打冰球，一定得有足够坚强的意志，又冷又累，不咬牙当然不行。而对于冰球教练来说，这种艰辛得加个"更"字，因为这个运动真的是近两年才真正红火起来的。

张智川（特别介绍）

从事少年冰球培训工作十多年，并亲历冰球运动在北京的成长全过程的冰球教练。

他喜欢冰球，更喜欢带着孩子打冰球。他喜欢那种速度和技巧融合的感觉，更喜欢看到孩子们聚在一起，抛洒汗水的样子。在他的冰球处方中，处处体现着这些细节。

其实说起北京冰球，很多人都不知道是怎么回事。在过去几年，北京冰球就是以各冰场组成的俱乐部为生力军，撑起了冰球运动的一片天。从最初的国贸，到西单及后来的首体冰场。张智川带领"飙风队"获得过亚太冰球邀请赛第二名（马来西亚站）；带领"世纪星队"夺得亚太邀请赛第一名及第二名（2006年至2012年多次参加香港站）；2012全国俱乐部青少年冰球挑战赛冠军（深圳）。他同时还带队参加了五届北京少年冰球联赛，并曾带着首支北京四中代表队参加了北京校际冰球联赛，成绩都非常不错。

👍 打冰球的益处：

很多人在初次接触冰球时都会问到这个问题，尤其是广大的家长朋友。最初大家希望孩子们通过打冰球锻炼身体，磨炼勇敢精神。慢慢地，冰球运动所具有的魅力会逐渐展现。冰球运动带给我们的益处，绝不仅仅停留在体育健身层面，更是对精神的陶冶以及对心灵的触动。打冰球的孩子经过最初的基础训练，从跌跌撞撞到冰上飞奔，跌跤早已不会对身体有丝毫的影响。当加入一支球队后，团队训练开始了，孩子们会因为忽然有了一大群伙伴而兴奋不已。在经历一场场训练和比赛之后，团队合作精神会融入孩子们的心灵之中。在冰球这个小社会中，胜利或失败让他们体会到荣辱与共的感觉，场上的位置分配让他们懂得了承担责任的道理，外出赛事让他们养成了自我管理的习惯，教练与裁判的工作让他们感悟尊重他人的必要，场上场下的日常生活让他们明白了兄弟手足的真情。冰球运动以无言之教在影响着每一位参与者，而其最大的好处就是不但让每一位参与者拥有健康的体魄，还能让他们学到在课本上学不到的人生智慧。

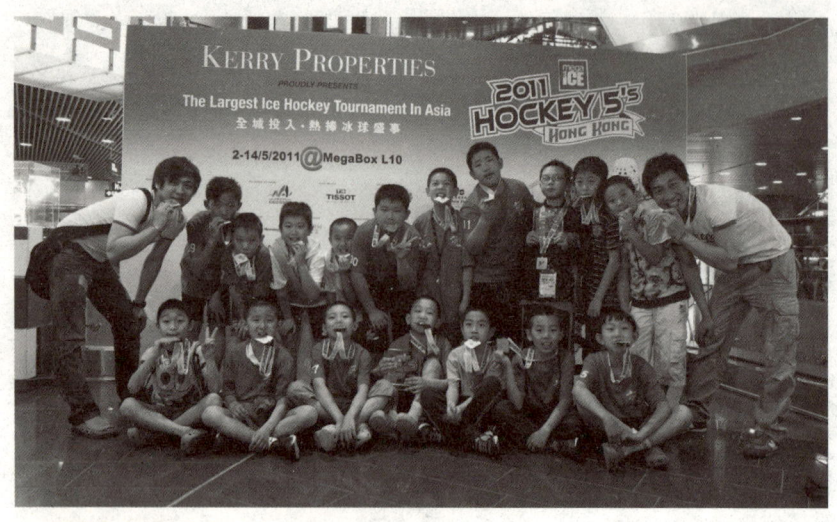

◎ 图为张智川（左一）与冰球小选手在一起。

专家支招：

1.学习冰球的适宜年龄：

孩子们进行冰球训练的最佳年龄是4岁至5岁，即幼儿园阶段。这时他们有足够的时间完成至关重要的基本功训练。冰球训练最迟也要在小学低年级开始。

2.学习冰球经历的阶段：

冰球初学者通常会分两个基本功训练阶段：首先是基础滑行，孩子们仅需要配置头盔、护膝和手套、护肘即可。这一时期建议保障训练的连续性，为他们未来的成长打好坚实的基础。因为团队课训练开始后，教练员的培训重点是技巧战术，而基础滑行是辅助功课，谁练得扎实谁就会终身受益。

第二阶段是持杆打球，这就要求穿好全副装备上场。全套护具包括头盔、护颈、护胸、护肘、护裆、护膝、护臀、手套、冰鞋和球杆。以前这些都需要在国外买，而现在由于中国参与冰球运动的人数大量增加，代理护具产品的国内企业日益增多，护具价格下降；同时，北京冰球运动协会也建立了护具交流平台，更方便初学者以低成本参与到这个项目中来。

3.学习冰球的基本动作：

（1）怎么在冰上站住？

球刀的冰刀和鞋一般长，在花刀、速滑刀和球刀中，球刀最不容易保持前后平衡，容易往前或往后摔。但球刀与花样刀都是硬高帮，脚很容易借力。因此只要注意在冰上时脚尖和膝盖保持同一个方向，就不会左右晃。只要双脚稍稍保持一定角度，就可以在冰上站住。

（2）怎么在冰上前进？

尽可能地下蹲，膝盖的曲度达到什么标准合适呢？自己向下看，如果只能看到自己的膝盖却看不到脚尖就可以了。接下来用双脚冰刀的内刃（双脚内侧方向的刀刃）向身侧后45度蹬冰，然后收回来，如此往复即可前进。

（3）怎么转弯？

转弯在冰上技术中相对比较难，因为这涉及身体重心的变换。要想转弯，首先要有速度，脚下就涉及使用外刃（双脚外侧方向的刀刃）了。这个过程需要训练，只能在实践中慢慢体会。

（4）怎么刹车？

把冰刀一横，与前进方向形成一个角度，即可刹车。

（5）怎么挥杆击球？

射门动作其实是利用杠杆原理，两只手一前一后，利用球杆的弹性，先把杆子压弯，再把球弹射出去。球杆的硬度不同，成年人球杆的硬度从65到165，力量越大，球杆的硬度就越大。

⚠️ 打冰球注意事项：

1.冰球规则：

比赛队伍通常由10名至22名球员组成，比赛时场上每方有5名球员及1名守门员，比赛以进球数多少定胜负。比赛分为3节，成人赛每节20分钟计时，少年赛相对减少，一般为10分钟或15分钟。在少年冰球运动（国际标准12周岁以下）中，不允许身体冲撞，所以它绝对是一项安全的竞技项目。

2.运动前热身：

对于冰球运动而言，由于它的高速和高对抗性，要求选手上场前有不少于10分钟的热身准备，正式比赛前热身准备不能少于30分钟。热身准备通常包括慢跑和韧带拉伸。

3.对北京冰球发展的主要感受:

北京冰球运动近年来给人最强烈的印象是发展迅猛,未来前景美好。北京冰球运动协会自2012年成立后,首次承办的少年冰球联赛只有34支球队,2013就猛增到70支。北京冰球运动协会2013年首次主办了北京市校际冰球联赛,并将之成为常态化赛事,这对校体结合起到了应有的作用,为孩子们的全面发展提供了广阔的空间。

练功夫 强身体

跆拳道 强筋骨

跆拳道是很多家长非常喜欢让孩子练习的项目。不仅强身健体，还能在关键的时候自我保护，当然是要勤加练习了。对于家长们的想法，两届奥运会冠军吴静钰是绝对的赞同。在她看来，练跆拳道，那真是好处太多了。

吴静钰（特别介绍）

吴静钰，名字听上去很文静，长得也白白的，因此有一个很好听的外号——"瓷娃娃"。不过，就是这个"瓷娃娃"，到赛场上那可是让所有人闻风丧胆。

小"瓷娃娃"成名于2006年多哈亚运会，在47公斤级的决赛中，她夺得金牌，而这也是中国跆拳道队的首枚亚运会金牌。之后，冠军一个个都被她收入囊中：2007年世锦赛冠军，2008年北京奥运会跆拳道女子49公斤级冠军，2011年第二次获得世锦赛冠军，2012年伦敦奥运会跆拳道女子49公斤金牌。21岁的时候就在北京奥运实现"大满贯"，在25岁的时候完成奥运卫冕。

👍 练跆拳道的益处：

首先，跆拳道是一项可以强身健体的运动。跆拳道起源于韩国，是集速度、力量、灵敏、耐力、智慧与协调性为一体的体育运动，更适合亚洲人发挥自己的特长与优势。现在，全世界的跆拳道爱好者非常多。

跆拳道运动紧张激烈，对抗性极强，可使人强壮筋骨，提高各关节的灵活性及肌肉的伸展性和收缩能力，提高人的反应速度、力量和耐力，提高人体内脏器官的机能和人体神经系统的灵活性，增强人体的击打和抗击打能力。通过攻防练习，人们可以掌握实用搏击术和练就强健的体魄。

练习跆拳道对于青少年更有好处。除了上述素质可以得到锻炼外，更重要的是跆拳道讲究一个"道"字。这就好比中国武术讲究"习武先修德"一样，跆拳道提倡"以礼始，以礼终"与"尊师重道"，如果用12个字来概括跆拳道，应当是"礼义廉耻，忍耐克己，百折不屈"。练习跆拳道对于现在的孩子们来说，可以使他们变得更有气质，更健康活力，更有礼貌，更坚强勇敢。此外，孩子们还能拥有一定的自卫能力。

总之，青少年练跆拳道有以下好处：

1.有利于青少年集中注意力，提高学习效率，取得好成绩；

◎ 图为2012年8月30日，伦敦奥运会跆拳道80公斤以上级铜牌得主刘哮波，来到北京延庆圣道跆拳道馆，指导小学员练习跆拳道。

2.有利于青少年形成克己、宽容、诚信的优良品德；

3.有利于青少年养成自信、坚强、积极、果敢的性格；

4.有利于青少年养成自立能力，增强保护意识，掌握防身技能。

专家支招：

跆拳道是一项竞技性武术，虽然实战性不高，但是依然有实战特色，因此，练习跆拳道有对抗心态十分重要。没有足够的毅力、意志力以及良好的身体素质，是不容易练好跆拳道的。

1.转变观念

青少年应该拒当宅男宅女，离开电脑，走到运动场上来。

他们穿上跆拳道的服装，练习跆拳道，不仅有益于身体健康，更能从思想境界和道德修养上得到提升。

跆拳道主要分为大众跆拳道和竞技跆拳道两种。大众跆拳道是打基础，注重基本功和套路的训练，不会有强度很大的对抗，因此适合任何年龄段的人去练习。即使此前没有练习过的初学者，也可以找到适合自己的路径。而对于那些身体素质出色的、有一定基础训练的孩子们来说，如果他们想找到高强度和爆发力的感觉，则可以找适合自己的课程，进行对打训练。

2.领略跆拳道精神

学习跆拳道的第一步就是要了解、领悟跆拳道的精神和礼仪。因为跆拳道非常注重礼仪的教授，它所倡导的"以礼始，以礼终"和中国武术所倡导的"习武先习德"是不谋而合的。在学习跆拳道礼仪的同时，青少年还要了解一些关于跆拳道的知识，如历史由来、段位制度与规定等。

3.训练讲求循序渐进

了解了基本常识以后，就可以练习跆拳道的技术动作了。首先从手法、步型、步法开始练习，然后是腿法、品势、实战、特技、击破……当练习者达到一定段位（如四段及以上段位）时，还有笔答、论文考试等内容。

跆拳道开始的训练时间不需要太长，一周以一到两次为宜。总之，应循序渐进，关键是打好基本功，让孩子产生对跆拳道的兴趣。

4.要有正确的训练方式

在练习跆拳道的重中之重——腿法时，要注重以下两点：（1）柔韧性。在跆拳道技术中，腿法占到70%以上，所以身体的柔韧性（特别是腿部韧带），直接影响到腿法技术的水平；（2）忍耐。跆拳道毕竟是一种高强度运动，在练习跆拳道的过程中所遇到的疼痛、疲惫、枯燥、乏味会考验练习者的耐性。所以要想成为一名真正的跆拳道武士，吃苦耐劳的心理素质是必不可缺的。

此外，跆拳道还特别讲求上肢和下肢要保持平衡。虽然跆拳道是以腿为主的运动项目，很多人在跆拳道练习中也都只练习腿部力量，但实际上练习跆拳道时腰腹的核心能力也非常重要，因为腿是要靠腰腹的力量来驱动的。腰腹的力量练习好了，腿部的力量自然就上去了。

❗ 练跆拳道的注意事项：

1.练习前准备活动要充分

练习跆拳道前应有充分的准备活动。准备活动的时间应在20分钟至30分钟，内容包括跑步、关节操、游戏、拉韧带等。充分的准备活动可以将各处的韧带、关节打开，提高神经与肌肉的兴奋性，有效地克服内脏器官的生理惰性，使肌体各器官都处于兴奋及运动状态。切记不可不做准备活动就进行剧烈的运动，这样会造成关节、肌肉、韧带等部位的拉伤，影响正常的训练。

2.遵循循序渐进原则，不可急功近利

学习跆拳道最重要的一个原则就是要有系统性。正确、科学、合理地安排训练计划才能够较好地掌握跆拳道技术。在练习过程中，千万不要贪多、图快，否则欲速则不达。如还没有练好防守技术就进行实战练习，这样不但不能让自己进步，反而容易造成运动损伤，影响学习进度。

3.要具备自我保护能力

学习跆拳道必须经历的过程就是实战，在没有穿护具的情况下进行实战是很容易受伤的。因此，在实战练习时穿戴护具是较好的自我保护措施。护具包括护胸、护腿、护裆、护头等。

4.训练结束后要进行全面的放松整理

训练结束后，人体的各项生理机能都还维持在一个较高的水平，需要有一个由高到正常的调整过程。全面地进行放松整理，能有效地消除疲劳，缓解肌肉疼痛。

学武术 传文化

练了武术会不会变野了？练了武术会不会变得喜欢打架？这是很多家长心中的疑问。对于这样的疑问，现北京体育大学武术套路教研室的教师王晓娜直摇头。武术也是一个学习中国传统文化的好载体，当然不会让人变得粗野了。

王晓娜（特别介绍）

王晓娜，可是名副其实的武林高手，而且是拳和棍都精通。她曾获亚洲武术锦标赛女子个人全能、长拳、棍术冠军，中

◎图为2014年全国青少年宫武术套路比赛（北京赛区）现场。

国武术段位制国家考试个人全能第一名。在1996年至2005年期间，她参加全国武术套路锦标赛获得个人全能冠军、单项冠军达20余次，在全国武术套路锦标赛中三次被评为"优秀运动员"。

👍 练习武术的益处：

作为中国传统文化中最神奇的部分之一——中华武术，既是一种健身强体的技能，也是一种注重积极进取的生活方式。练习武术可以提升气质、修炼身心、增强勇气，提高人对社会环境与自然环境的适应能力。

武术内容丰富、形式多样、风格独特、运动简便、行效显著、老少皆宜，具有广泛的群众基础。长期进行武术锻炼，可以强筋骨、健体魄、长精神、延寿命。在当今的全民健身运动中，武术有其不可替代的地位。

习武对于青少年也大有益处，其主要表现在以下几个方面：

1.了解中国文化精华

学习武术的意义首先在于文化的传承。孩子在学习武术的过程中，可以了解中国传统文化，并从思想上传承武术文化。当今，韩国的跆拳道运动得到了广泛认可，学习者众多，反倒是习武者减少。实际上武术代表着中国的传统文化，它源远流长，门派众多，流传于广大民间，是体育但又高于体育。习武可以让青少年培养正确的人生观、价值观、世界观，如修身、齐家、治国、平天下，这无疑是中华五千年文化之精华。

2.强身健体提升精气神

习武可以强身健体,防身自卫,修身养性;可以提高人的耐力、速度、协调性和灵活性。同时孩子们在和其他人共同的学习、比赛的过程中还可以培养团队精神。练武令人拥有顽强的毅力和战胜自我的精神。青少年习武需要有名师指点,要科学训练,一步步打好基础,还要持之以恒,长期努力、不能懈怠。

3.提高身体的协调性

◎图为2014年全国青少年宫武术套路比赛(北京赛区)现场。

武术练习对孩子的生长发育也很有好处,能够让人的身体得到全面均匀地发展。当今孩子动得少、吃得多,忽略户外运动。"90后"孩子的身体协调能力与"70后"、"80后"比起来相差不少。身体的协调性是从小就需要开发的,长大后身体定型就不好开发了。修习武术可以提高孩子身体的协调性，因为武术是一个综合性运动项目，其对身体的柔韧性、弹跳力、爆发力等都有很好的影响。

4.修行道德　塑造性格

武术对孩子的行为塑造大有益处。武德武理非常重要，武德包括最简单的抱拳礼，一个简单的身体姿态，但其中蕴含着很多寓意。武术工作者在传授武术时，特别需要注重武德、武理的培养。此外，武术的竞技性也是很强的，而竞技性能更好地培养孩子们对武术的兴趣。总之，习武可以让孩子们学会孝敬父母、尊师重道等中华优良传统。习武者刚柔相济、动静有序的性格也令人欣赏和感叹。

5.交流技艺　增进友谊

武术运动蕴涵丰富、技理相通，入门之后会让人有"艺无止境"之感。它还是人们切磋技艺、交流思想、增进友谊的良好方式。随着武术在全世界的广泛传播，习武还可以促进国内外武术爱好者的交流。

专家支招：

针对不同孩子的不同年龄特点以及提升身体素质的方向，武术的练习也是不一样的。

1.4岁之后适宜学习武术

学习武术好处多多，那么孩子到底几岁学武术合适呢？4

岁以内的孩子，由于身体发育等各方面的原因，还不适合进行武术训练。一般来说，4岁以后，孩子的身体发育开始加快，柔韧性处于最佳状态，而且这一时期他们的大脑发育以及记忆力等也都处于一个发育高峰期，因此，这时是学习武术的最佳年龄。但是这时孩子的年龄尚小，所以学武术最好从一些简单的动作和动作组合开始学习。

建议练长拳，因为这种拳最基本姿势是：头正，颈直，挺胸，收腹，立腰，这点很符合青少年的成长，这也是我国要向世界推广武术的理由之一。

2.武德修养很重要

一个武林高手，我们不仅要看他的武功有多高，还要看他的品德是否高尚。缺乏武德，就意味着一个习武者没有最基本的品德。俗话说要"习武先修德"。武德是习武者的道德规范和道德品质。

练武者还有"十不可"：不可轻师，不可忘义，不可逞斗，不可欺人，不可酗酒，不可赌博，不可吸烟，不可戏色，不可炫耀，不可无礼。随着当今生活节奏的加快，一些武德似乎被人们"视而不见"，但实际上，轻拿轻放武术器材、师生之间的行抱拳礼、聆听讲解时屏息站立、递送器械时恭敬有礼……这些都是武德的展示。有的家长担心习武会让孩子产生暴力倾向，但事实上修习武德恰恰会抑制这一点。

3.提升兴趣由浅至深

因为孩子年龄小，习武可能没有耐心。因此诸如站桩这样的训练并不适合孩子，它反而会过早地促进孩子的肌肉力量，影响孩子今后的发育。要想让孩子喜欢上武术，首先，孩子要对武术产生兴趣；其次，家长和老师应该积极配合，使用的教育方法要恰当。学习武术是一个循序渐进、持之以恒的过程，这就需要孩子的耐力和承受能力要强，对此，家长千万不要急于求成。长时间而枯燥地练习动作的这种方法是不可取的，尤其对于年龄小的孩子，运动量不可过大。

学习武术时最让人感到枯燥的是练基本功，不过中华武术

◎图为2014年全国青少年宫武术套路比赛（北京赛区）现场。

的精髓也正是基本功。基本功练到一定程度后，会慢慢地形成小的套路，这会激发孩子们的探知欲，练习武术时可以选择腿法练习，同时告知孩子这个动作的意义是什么，以此提升孩子对于武术的兴趣。

4.从长拳开始练起

在基本功扎实的基础上，青少年就可以练习开门拳了。和世间所有的事情一样，练武术也必须按部就班、认真科学地进行，这样才能取得成效。一般情况下，练习武术，第一套拳必须练长拳，因为它舒展大方、快速有力、节奏明显，注重精气神，能帮助正处于身体发育期的青少年健康成长。在练习长拳一直到身体定型之后，便可以进入到下一个阶段诸如刀枪剑棍的学习了。

❗ 练习武术注意事项：

1.选择正规培训机构

如今学习武术的地方很多，甚至公园中都有人教。但如果想要真正领略武术的博大精深，还是要找正规的培训机构与专业的武术老师来教。一些民间武术爱好者的动作姿态有时不够规范，孩子们跟着学容易走弯路。

2.找好训练场地

练习武术必须去场地条件适合的地方，石子地、湿滑处和沙地等都不适合孩子们进行武术训练。因为孩子的骨骼比较脆弱，肌肉力量不好，在不正规的场地训练容易受伤。

3.控制运动强度

习武可以进行柔韧性练习，以及短时间的速度性练习，拒绝长时间而枯燥的动作练习和类似百米跑的大运动量而高强度的练习方式。上课前的准备活动要做充分，热身与情绪调动都很重要。

4.注意加强营养

学习武术体力消耗很大，家长一定要注意加强孩子的营养。

5.谨慎进行力量型练习

最典型的力量型练习是举重。习武时进行力量型练习一定要谨慎，因为它会导致骨关节提前钙化，孩子的个头会因此而长不高。

6.陪伴孩子上课

家长要跟踪孩子的学习过程，注重师傅的教学方法，避免孩子受到意外的伤害。

练拳击 增协调

拳击，当然听上去更像是一个男孩子们热衷的运动。事实上，确实会有女生喜欢，但是更多的还是男孩子们热

> 衷套上拳套，然后打上几个回合。对于这样一种充满了阳刚的运动，中国拳击名宿、20世纪50年代全国拳击比赛冠军王国钧直言自己真是受益匪浅。

王国钧（特别介绍）

已经70多岁的王国钧如今身体依然非常健朗，问起是不是和练拳击有关，他当然笑着说是。

在只有11岁的时候，王国钧开始练习拳击。那个时候，他就像是很多现在的孩子一样，争强好胜，而也正是这样的性格把他和拳击一直牢牢拴到了现在。

王国钧有多厉害？他可是被称作"中国拳坛第一人"呢。他是1956年的全国拳击比赛冠军。随后，他成为中国恢复拳击项目后第一任国家拳击队总教练。在他的率领下，国家队取得的成绩是前所未有的：1988年在汉城奥运会上进入前八

◎ 图为王国钧指导小朋友练习拳击。

名；1990年在北京亚运会上取得一枚金牌、五枚银牌，这是中国拳击运动员在亚运会上获得的最好成绩。

练习拳击的益处：

拳击作为竞技对抗项目，也许一提起就让人觉得很残酷、比较粗鲁，其实拳击从一百多年以前发展到现在，通过规则完善、装备改善，已经变得非常受人们欢迎了。只要在教练的正确指导下有步骤地进行练习，就不会出问题的。拳击装备简单，对场地要求不高，这是它在国外盛行的原因。练习拳击的益处如下：

1.可以训练练习者身体的灵巧性和协调性；

2.可以增强练习者身体的力量；

3.可以培养练习者战胜对手、战胜自我的坚强意志；

4.拳击是一种格斗技能、军事技能，男女都可以练习，因此可以更好地保护自己。

专家支招：

根据拳击规则，包括前额、面颊、耳际在内的面部，以及胸部、肚脐以上，包括两个肋部，都是可以击打的。击打肩部不得分，身体的后面，包括后脑、后脖子、背部都不能打。拳击时不能上脚，也不能下绊儿。具体拳法如下：

1.长距离拳法，就是直拳和摆拳。直拳是指从出拳到击中对方拳头走直线，而摆拳是走弧线。

2.中近距离拳法，就是勾拳。勾拳其中包括平勾拳，就是把胳膊肘抬起来，水平击打的拳法；另外还有上勾拳，这是弯曲手肘、拳面向上的一种击打方法。

3.组合拳，将上述拳法组合起来，就是组合拳。组合拳千变万化，但是在练习组合拳之前，应该掌握以上每一种拳法。

此外，除了拳法之外，拳击的防守也是非常重要的。其中有阻挡，就是根据对方拳头来的路线，把手套放在对方的拳头过来的路线中；有拍击，就是对方的拳头来了之后，可以用手掌改变其方向；还有闪躲，即拳头来了之后可以左右躲闪和低头，使拳头从自己的面部和头部擦过去；再有就是贴靠，指的是当对方近距离出拳时，可以贴靠到对方，使对方的拳头出不来。

❗ 练习拳击注意事项：

1.一定要有教练在场指导，切记不可凭着勇气叫上伙伴自己就开打开练，那是很危险的。

2.练习拳击时要从单一的拳法开始练习。练习时要由慢到快，等到每一种拳法都熟练掌握之后，才可开始对练。对练也要由慢到快，施加力量要由小到大。

3.如果是对抗练习，双方体重应相近。

4.拳击时，必须戴好护具，比如头套、护胸、拳套；如果打沙袋还要戴上专门的手套，青少年的拳套要厚一些，这样可

◎ 图为王国钧指导拳手练习拳击。

以增强对手的防护。

5.徒手练习时，可以对着镜子或者影子搏斗。

结语：体育锻炼需要科学的支撑

19个运动处方，从19个项目入手，让大家一目了然地了解训练方向和训练要领。让孩子们变得健康起来，其实就可以从脚下的第一次射门，手中的第一次挥打，池中的第一次划水，冰上的第一次滑动开始。

当然，凡事都是过犹不及。所以，在锻炼的同时，一定要防止从一个极端走向另一个极端。我们必须在科学的指导下进行训练，才能起到真正的运动效果。而在这个过程中，家长们必须注意以下几点：

一、家长多上心，孩子更省心：

要想提高孩子们的身体素质，培养他们的体育兴趣，离不开家长和家庭的主动介入。父母即使没有特别的体育爱好，也可以培养出孩子的体育兴趣。北京师范大学体育学院院长毛振明表示："家长应该在孩子的日常生活中加入体育

这一项。"其实有很多挺好玩的东西，比如跆拳道、瑜伽，还有乒乓球、网球、羽毛球、游泳、登山；再有条件的可以玩高尔夫球。这些东西都是"鸦片"，让孩子多接触接触，预算多的请个教练教教，预算少的自己带着玩玩；再或者买个轮滑鞋，哪怕是跳跳绳、踢踢毽，也会对孩子们有好处。总之，有意识地安排体育活动，不仅能减轻孩子们的学习负担和心理压力，同时一家人也会过得其乐融融。

毛振明认为，与其喊着限制孩子们接触电子游戏和网络，不如引导他们热爱体育，结交伙伴。他说："多找些小朋友，或者参加俱乐部，因为体育有时候是需要伴儿的。电子游戏是虚拟竞争，而体育中的较劲，则是用身体在和他人竞争与合作。"

二、体育对于孩子心理健康的影响：

体育运动除了能够增强孩子们的体魄，还能够塑造他们健康的灵魂，使他们拥有良好的心理去面对社会、面对人生。曾培养出羽毛球世界冠军张楠的资深羽毛球教练、原北京市羽毛球协会秘书长孟宪章深有体会地说："练球健身更健心。"

"羽毛球是全身运动，参与羽毛球运动对孩子的骨骼发育和内脏器官都有好处。"孟宪章教练说，"这种训练后的变化特别快，一般通过训练后，孩子的个子长高了，体能增强了。"此外，经过多年的教学实践，孟宪章教练认为练习羽毛球运动，不仅可以提高孩子的身体素质，对于孩子的心理素质和性格培养也大有好处。"羽毛球对孩子的性格影响比较大。参加训练的孩子有性格慢的，有性格急的，通过学习羽毛球以后，大多数能够做到与队友互相沟通了解。他们一起学习，有比较，有竞争，技术提高特别快，心理素质提高也很快。孩子们渐渐变得开朗宽容，愿意与人交往，在打球中由紧张变放松。总之，羽毛球运动能让孩子们的性格、心态越来越好，让他们在待人接物方面变得大方得体，气质也有提升。"他还说，"此外，训练和比赛可以让孩子们在体力上吃点儿苦，在意志上受点儿考验，这些成与败、胜与负的磨炼，有助于增强孩子们的自信心，培养他们坚强的意志品质和克服困难、不怕挫折的精神。"孟宪章表示，家长让孩子学习羽毛球，不一定就是为了孩子将来成为羽毛球专业人才，主要是为了让孩子们拥有健康的身体和心态，提高综合素质。

三、运动中的注意事项：

1.有氧运动适可而止

北京市体育科研所的周琴璐教授认为，并非所有的有氧运动都有利于大众健康。她表示，有氧运动涵盖的范围很广，从运动强度来说，打太极拳是有氧运动，一万米长跑也是有氧运动，但最大需氧量不同，前者可能只有50%，而后者则可以达到85%。周琴璐教授说："马拉松是典型的有氧运动，运动量很大，但没有长期训练的基础是不能参加比赛的。因此对于一般人群，只有中低强度，也就是最大需氧量在50%到75%之间，并且运动时间不超过两个小时，这样的有氧运动，才有利于健康。"

2.尽量做到"三能三不"

虽然现在的孩子们课业压力大，业余时间不多，但也可以强健自己的身体。周琴璐教授表示，在生活、学习和工作中，不应该放弃每一次让身体活动的机会，因为身体活动"无处不在"。

周琴璐教授介绍，有益健康的身体活动水平包括适度的活动方式、强度、时间和频度。她表示，有研究表明，平常缺乏身体活动的人，如果能经常参加中等以上强度的身体活动，他们的健康状况和生活质量都可以得到改善。增加身体的活动量可以获得健康，而不同的身体活动频度、时间、强度和内容，对促进健康的作用也各不相同，综合有氧耐力和肌肉力量锻炼可以获得更全面的健康促进效果。她说："即便是强度较小的身体活动，也有一定的健康促进作用。"

为此，周琴璐教授给青少年提出了一些建议："尽量少坐多站，尽可能做到'能走路不骑车，能骑车不坐车，能走楼梯不坐电梯'的'三能三不'原则。干家务活时多用手搓洗衣服、拖地板。还有，绿色出行也可以增加身体能量的消耗。"她特别针对肥胖人群建议："在阳光下进行中低强度的有氧运动，是非常好的减肥活动。从现在开始，每天坚持多走30分钟路，保证会减肥。"

3.注意数脉搏,控制运动强度

由于不同的运动项目之间的差异,以及每个人在运动中的投入程度不同,运动强度是很难以距离、数量等进行度量的,但通过在运动的前、中、后阶段测量脉率获取心率,就可以非常简便实用地获取运动生理强度指标。周琴璐教授介绍,人在运动后即刻脉搏达到"(170-年龄)次/分",就是该年龄的人比较合适的运动强度。

周教授介绍的测量和比对方法是:运动前,测量手腕部动脉在15秒钟跳动的次数,接着乘以4,获得自己每分钟的安静心率。运动后,即刻用相同的方法得到运动后的即刻心率。用运动后的即刻脉率对比自己的年龄运动适合强度的即刻脉率,即可得知自己刚才的运动是"不足"还是"超量",以便在随后的运动中及时修正。而测量安静心率的意义在于:运动结束后第10分钟的心率代表运动恢复期心率,一般来说这时的心率应基本恢复到运动前的安静心率。

周教授说:"运动后出现心律失常,就说明这样的运动强度不适合自身,或是有心脏疾患,需要就医。"

后记

体育拥有改变世界的力量

稿子交了，完成任务的轻松却难掩心中的沉重。在采访中发现的这些现象与问题是写作此书的初衷。我们的孩子太弱了！太需要强壮了！

不能怪孩子，向往运动是孩子的天性，体育对孩子有着很强的亲和力。但是，面对课程多、作业多、补习多的压力，只能舍弃了。而父母们怕孩子吃苦、受伤、受挫折、受磨难也是事实，老师们怕出事故、担责任……种种原因，学校的运动场冷清了，孩子们也羸弱了。他们是被羸弱的，根源在大人。

我们又能做些什么呢？

"体育拥有改变世界的力量"，纳尔逊·曼德拉的这句名言，可以说是指明了方向。就从体育开始吧！在当今社会，体育是一种生活方式，是一种健康愉悦的生活方式；体育是一种生活态度，是一种积极乐观的生活态度。至少，孩子们有了体育爱好，不仅可以强壮身体，还有了对抗压力的资本，有了转移和宣泄不良情绪的渠道，热爱体育的孩子会更热爱生活，不会与生活说"byebye"。

我们的教育首先应该是体育！体育强调人的生存发展技能，体育增强人的"战斗力"，体育产生凝聚力，体育的文化价值是独一无二的。"劳其筋骨，苦其心志"的目的可以通过体育来实现。

感谢众多的冠军们，为了孩子，他们二话不说，把自己的心得体会、经验秘籍和盘托出、倾囊相授，他们真的是指路人。

感谢希望出版社，他们的公益心和社会责任感以及强大的实力，是本书得以面世的基础。

感谢冯建中副局长为本书作序，作为体育宣传事业的一名老兵和现任领导者，他的首肯坚定了我们的信心。

袁虹衡 李立 李远飞 刘大伟
2014.5 于北京

图书在版编目（CIP）数据

强我少年 / 袁虹衡等著. -- 太原：希望出版社，
2014.8（2022.9重印）
ISBN 978-7-5379-7082-2

Ⅰ.①强… Ⅱ.①袁… Ⅲ.①少年儿童 - 家庭教育 Ⅳ.①G78
中国版本图书馆CIP数据核字（2014）第188415号

强我少年
Qiangwo Shaonian

袁虹衡　李　立　李远飞　刘大伟　著

出 版 人　王　琦
责任编辑　田意可
复　　审　柴晓敏
终　　审　王　琦
书籍设计　双渔设计　刘志斌
封面设计　半勺月

出版发行　山西出版传媒集团·希望出版社
地　　址　山西省太原市建设南路21号
邮　　编　030012
印　　刷　北京一鑫印务有限责任公司
版　　次　2015年1月第1版
印　　次　2022年9月第3次印刷
开　　本　787mm×1092mm　1/16
印　　张　15.25
书　　号　ISBN 978-7-5379-7082-2
定　　价　58.00元

本书所有图片版权归北京晚报所有。